店长学

小角色 大事业

Store Management

Small role, big career

企业管理出版社
ENTERPRISE MANAGEMENT PUBLISHING HOUSE

图书在版编目（CIP）数据

店长学：小角色，大事业/姚枫著. —北京：企业管理出版社，2013.1

ISBN 978-7-5164-0221-4

Ⅰ. ①店… Ⅱ. ①姚… Ⅲ. ①商店-商业经营 Ⅳ. ①F717

中国版本图书馆 CIP 数据核字（2012）第 279692 号

书　　名：店长学：小角色，大事业
作　　者：姚　枫
选题策划：谢晓绚
责任编辑：刘　刚
书　　号：ISBN 978-7-5164-0221-4
出版发行：企业管理出版社
地　　址：北京市海淀区紫竹院南路 17 号　邮编：100048
网　　址：http：//www. emph. cn
电　　话：总编室（010）68701719　发行部（010）68414644
编辑部（010）68701891
电子信箱：emph003@ sina. cn
印　　刷：三河市南阳印刷有限公司
经　　销：新华书店
规　　格：170 毫米 ×240 毫米　16 开本　12. 5 印张　154 千字
版　　次：2013 年 1 月第 1 版　2013 年 1 月第 1 次印刷
定　　价：32. 00 元

前 言

店长会是“消失的恐龙”吗？我们这个时代还需要店长吗？

日常生活中，所有的产品最终都要通过“店”里营业人员的服务，传递到消费者的手中。“店”以各种不同的形式出现，比如商场、商店、超市、便利店、家电家居卖场、酒店、宾馆、餐厅、专卖店。“店”还有着各种不同的叫法，比如门店、分店、店铺、卖场，它承载着产品从制造商转移到顾客手中渠道、终端的功能。

店长就是负责门店经营管理的人，叫店长也好，叫经理也好，门店的成败和这个岗位有着重大关系。

互联网及各种信息技术像浪潮一样席卷全球，深刻改变了人类的生活、工作方式，同样也给商业领域带来了迅猛变化。在十多年前电子商务是不可想象的，而现在呢？人们几乎可以在网上买到一切。电商、社交媒体大行其道，传统商业模式，也就是线下实体店受到巨大冲击。人们可能要问，在未来，实体店会消失吗？如果这种事情发生，店长这个职业还会存在吗？

实体店的功能从来都是做生意，买进卖出。随着现代商业的发展，经营实体店的一个关键就是打造强大、独特的品牌体验，在这一点上，实体渠道永远比数字渠道更具有优势。除了品牌体验外，实体店可以让品牌与消费者个人之间建立直接联系，了解到现有及潜在顾客的需求，从而不断调整和提升品牌产品与服务。

电商的优势是方便，实体的优势是实实在在的体验感和与顾客互动带来的学习优势。因此，实体店确实会改变经营业态，但永远不会消失，店长作为一种职业，也一样不会消失！

作者

2012 年 10 月

目　录

第一篇　“人”

第一章　店长是怎样“炼”成的 …… 3

■ 谁更重要，店长还是公司 …… 3

■ 你有店长的 DNA 吗 …… 3

■“好蛋”放在哪里孵化 …… 4

■ 哪些特质决定了店长的命运 …… 5

■ 哪些能力决定了店长竞争力 …… 6

第二章　钢铁团队是怎样“炼”成的 …… 25

■ 培养员工的责任心 …… 25

■ 培训贵，不培训更贵 …… 26

■“死去活来”的管理手段 …… 27

■ 给予团队明确的任务 …… 28

■ 鼓励永远比斥责有用 …… 28

■ 执行力源于沟通 …… 29

■ 爱兵才配带兵 …… 30

■ 赢得信任赢得人 …… 31

■ 学会人力资源管理 …… 33

■ 人力资源教育训练 …… 37

■ 人力资源绩效考核 …… 39

■ 基本人事管理 …… 41

第三章　忠实顾客的培养 …… 47
■ 为什么要培养忠实顾客 …… 47
■ 培养忠实顾客，从员工开始 …… 48
■ 平息顾客的愤怒 …… 55
■ 顾客服务管理 …… 61

第二篇　“货”

第四章　管“货”管什么 …… 85
■ 销售目标 …… 85
■ 商品结构 …… 86
■ 销售计划 …… 87
■ 库存控制 …… 87
■ 商品盘点 …… 87
■ 商品陈列 …… 88
■ 商品验收 …… 88
■ 商品退货 …… 89
■ 商品情报 …… 91

第五章　怎样管理 …… 93
■ 店长的商品管理 …… 93
■ 店长的采购管理 …… 96
■ 店长的库存管理 …… 97
■ 店长的商品陈列管理 …… 99

第三篇　“场”

第六章　管理细分 …… 105
■ 服务管理 …… 105
■ 形象管理 …… 107
■ 销售管理 …… 108

■ 商圈管理 …… 111
■ 营业活动管理 …… 117
■ 财务管理 …… 118
■ 营业安全管理 …… 118
■ 案例管理 …… 119
■ 报表管理 …… 119
■ 商品促销管理 …… 120
■ 门店营运信息管理 …… 124
■ 考核管理 …… 127
■ 安全管理 …… 137
■ 清洁卫生管理 …… 141
■ 收银管理 …… 149
■ 交班管理 …… 149
■ 结账管理 …… 150
■ 退货管理 …… 150

第七章 提升管理能力 …… 152
■ 非常态情况处理 …… 152
■ 快速提升管理能力的必杀技 …… 156
■ 看一看你的管理段位在哪 …… 159

附 录

门店招聘申请表 …… 169
应聘人员登记表 …… 169
到职通知单 …… 170
员工调配记录单 …… 170
门店员工出勤登记表 …… 171
门店员工出勤月报表 …… 172
顾客投诉受理表 …… 172
VIP 会员申请表 …… 173

VIP 会员资料更改申请表 …… 174
VIP 会员卡注销及补办表 …… 174
门店管理评核表 …… 175
门店业绩分析表 …… 178
工作计划周报表 …… 178
门店管理周报 …… 179
清机本折扣登记表 …… 181
现金抵用券、免费券折扣登记表 …… 181
清机本 …… 181
现金盘点表 …… 182
门店费用报销科目明细汇总表 …… 183
门店单品补货申请单 …… 183
公司调拨单据（电脑单） …… 184
门店单品退货单 …… 184
门店单品转货单 …… 185
门店单品维修单 …… 185
盘点表 …… 186
库存统计表 …… 186
盘点损益表 …… 187
设备维修申请单 …… 187
设备更换申请表 …… 188
模特出样标准申请表 …… 188
模特出样标准表 …… 188

第一篇　“人”

第一章 店长是怎样"炼"成的

■ 谁更重要，店长还是公司

店长是企业总部派往最前线带着团队冲锋陷阵的人，是决定企业生死成败的角色。公司的扩张往往成也店长，败也店长。

公司总部形同总司令部，负责规划企业战略、企业经营的作战方针，公司总部扮演规划与系统支持的角色，其实际可行的方案由店长执行。

如果公司总部系统很强，店长素质较弱，卖场的营业还可差强人意。但是企业总部系统强大者并不多见。

如果公司总部系统本身较弱，一个能力强的店长可补充总部系统的不足。然而，公司事业就得依赖于一位好的店长。

好店长难得！往往一个看上去不错的公司，即便它的商业模式很好，产品也很不错，但却扩张缓慢，或扩张迅猛但极不稳定。

■ 你有店长的 DNA 吗

店长一定是很“草根”的。“草根”这个词往往与“精英”相对，普遍特点是出身贫寒，接受的教育程度低。以现时的教育水平来看，许多优秀店长往往只接受了初中、高中、或职业技术学院一类的教育。

但他们是这样的一群人：他们有着像狼一样秉性，血液里流淌着草根精神，这种人生来作风踏实、吃苦耐劳，服从组织、富有激情，不断提高绩效的团队和天天上升的营业额对于他们来说是最大回报。

传说麦当劳有句名言：没上过大学的到我这里来！当然，我们没有一棍子打死所有上过名牌大学的精英的意思，但那些没上过大学，愿意全身心投身零售业、服务业的，如果他们从基层做起，踏实工作，完全可以成为更优秀的店长。

总之，店长是那些教育程度不一定很高，但一定有着强烈的成功渴望的那种人！

你是那种人吗？

■“好蛋”放在哪里孵化

一堆蛋混在一起，有鸡蛋、鸽子蛋、老鹰蛋，鸡蛋孵不出老鹰，老鹰蛋也孵不出鸽子来。

无论是鸡也好，老鹰也好，成功的孵化必定要有一个适宜的温度和环境，如果客观条件缺失，“好蛋”也会“胎死壳中”。

优秀的店长诞生于优秀的平台，如果你是一个具备优秀店长 DNA 的人，找工作的时候，记得要好好考察你将要投奔的平台。

首先，要看看公司的平台规模，即平台要足够，行业是对的（行业不对，怎么做也是白辛苦），它的发展方向是对的，管理水平也不错，门店数量在不断扩张中，这样，好店长不仅有充分的空间去成长，而且有足够大的“地盘”去发展。

其次，公司平台必须具备完善的连锁营运系统及培训体制，员工在这个平台上不仅形成规范作业的习惯，而且可以获得持续的教育培训，在工作中快速提升职业价值。

最后，公司平台具有完整的员工职业生涯规划，让一个勤劳踏实、善于创造的员工不断上升，在为公司创造价值的同时，也最大限度地完成自我实现。

好公司和好员工二者不可缺一，互相成就。

■ 哪些特质决定了店长的命运

1. 开朗热忱

零售服务业是与人打交道的行业。谁都喜欢与阳光、开朗、热情的人相处，快乐和热情会感染、带动别人的情绪。世界上最伟大汽车销售员乔·吉拉德和日本寿险推销员原一平，他们文化程度不高，出身草根，长相平平，但他们有一个共同的特征：阳光一样的微笑！招牌式的笑脸和快乐的情绪就是他们取得伟大成就的秘诀。

记住，店长性格烙印是：阳光性格 + 欢喜心！

2. 积极进取

自我实现、利益他人的意愿是身体力行的动力，没有这个动因，长期坚持是一件很困难的事情，消极等待、碌碌无为者成为不了一个好店长。

3. 吃苦耐劳

零售服务业从来就不是能够做得轰轰烈烈，波澜壮阔的行当，看似寻常的工作却要求你拥有成天站立、行走的基本功，你要用欢喜的心、阳光的脸、春风的语言面对各色人等，你要在一天的营业结束后，拖着疲劳的身子完成各种报表，你还要在严寒酷暑、风雨冰雪之中出差奔波各个门店之间。

这些，你能做到吗？一天可以，一年、两年、几十年呢？你若问起所有成功的零售服务业资深人士，他们都会告诉你：习惯了！要知道，并不是一次偶然的努力可以成就优秀，而是习惯！

4. 严己宽人

人性的弱点之一就是拿着镜子照别人，不照自己。

你可能会说：店长店长，一店之长，我管着员工就可以了！这是认识的误区，自我成就之人恰恰相反，严以律己，宽以待人。

店长如连长，前线阵地上每个士兵都在看着你，什么叫身先士卒？你带头冲锋，你的兵就会跟在你的后面。

5. 品味时尚

顾客只和销售终端打交道。顾客不需要知道肯德基的总部在哪里，信息系统是如何布置的，原料是如何配送的，他们甚至不知道美味薯条是如何炸出来的。顾客对品牌的感受只是来自于店堂的氛围、殷勤的服务和香喷喷的味道。

店长一定是一个注重品质、品味的人，他才有可能带着团队把门店弄得干净、明亮，音乐悦人、陈列美观、品质优良。

店长的任务是带着你的团队向顾客提供时尚、奉献品味、创造文化、提供优雅的服务环境！

■ 哪些能力决定了店长竞争力

1. 学习能力的修炼

竞争时代的技术、知识更新是瞬间的事情，零售服务业的从业人士尤其如此。我们甚至无法想像一个不能熟练应用互联网、信息技术、社交媒体的店长能带领着团队站在竞争的风口浪尖。

竞争时代的经营管理手段不断发生变化，以互联网技术的快速发展为例，几年前谁能想像到，总部与远程终端的联络可以在瞬间完成。

世界著名商业零售大王沃尔玛的导入信息系统管理企业的故事就发人深省。很多年前，当时计算机信息系统刚刚应用于商业的时候，沃尔玛有个副总裁对计算机有着狂热的热情，当他鼓吹在所有沃尔玛卖场装上信息系统时，理所当然遭到了老板沃尔顿的反对，因为这要花掉大笔的钱。但副总裁坚持要装，甚至不惜以辞职为要挟。老板出于爱才终于同意导入计算机信息系统。当时美国有家连锁商场叫做K玛特，做得也很大，K玛特的老板觉得老沃尔顿疯了。然而，当沃尔玛把所有信息系统安装好以后，等着结账的长长的队伍消失了，这大大方便了顾客，顾客趋之若鹜，沃尔玛开始以很快的速度超越竞争对手。

今天，像阿里巴巴、淘宝、当当这样的线上生意有多大、影响有多深远？应运而生的物流是多么浩浩荡荡？京东商城甚至开始挑战国美苏宁实体店了，连著名的7－11便利店的CEO都对媒体声称：我们不是传统便利店，我们是IT产业！因为7－11的订货下单全面应用了信息技术。另外，别忘了，一夜兴起的facebook、微博这样的社交媒体可能在一夜之间成让你名声大震，也可在一日之内给一个品牌造成重创。

这里只举了信息技术一个领域，其他还有很多，各种新技术给商业模式带来的变化、新材料给商品本身带来的变化、竞争给商业服务带来的变化、90后新生代给管理带来的变化，所有的变化在等着你，富有挑战而又诱惑。

店长应是善于学习的人，只有不断充实经营管理知识，终身学习，才能让职业生命之树常青！

2. 采纳能力的修炼

总部和门店是什么关系？打个比方吧，总部是脑，门店是手。

总部是公司经营目标、战略、产品、商品服务标准、培训等系统输出者，门店是接受者和执行者。

没有采纳，肯定就没有执行。怀疑心是人类与生俱来的性格弱点，也是我们进步过程中的障碍。采纳是从心里接受的意思。有些时候我们会因为不理解而不采纳，有的时候我们虽然理解了，但出于与自身的考虑，不会认同采纳公司的策略。

那么，如何提高你的采纳能力呢？

首先，你必须培养正面积极的心态，凡事持怀疑、抵触的态度，只能导致破坏性的结果。其次要学会主动沟通，向上级部门了解目标以及达成目标的方式方法。然后才能完整、更深地理解总部的意图，并给予修改和补充意见。

有了透彻的理解，才能采纳，才能加以坚决地执行，环环相扣，取得好的结果。

3. 领导力修炼

如果任何事情只会自己做，像老黄牛一样埋头苦干，最大的成效也只是你个人成效，是有限的，在这个意义上，你不是管理者，你只是一个优秀的工作者。

管理是什么？管理是通过他人完成目标的艺术！店长是负责门店运营管理的角色，因此他必须具备带团队的领导能力，领导者要像一个教练一样，要清楚目标、懂得方法，有针对性地训练你的员工。好的管理者的任务是找“对”的目标、找到“对”的人、把“对”的人放在“对”的岗位上，培训员工用“对”的方式做“对”的事情，六“对”齐全。

因此，店长要是一个具有强烈团队意识的人。商业活动不是一个人在战斗。团队是指一群人为了一个共同的目标、遵守共同的规范而共同努力的组织，而团队领袖是领导他人去完成任务的人。

伟大的企业成就伟大的事业，这是一个很深的学问吗？不是！

作为一个团队的领袖，你要和员工一同规划愿景，大家说好并认定“我们要去哪里”。在共同愿景的召唤下制订共同的任务，有了共同的任务才可能使团队同心合作去达成目标。说穿了，要设法把“你的事”变成“大家的事”。像班车的司机一样，你要确定这部车上的所有成员都是要去同一个地方。

另外，你要和你的同事们规划出共同遵守的游戏规则，团队所有成员必须服从这个游戏规则，也就是规范。游戏规划是什么？就是作业流程、作业标准、行为规范等制度。沃尔玛、麦当劳、肯德基这些优秀的企业团队，有序的作业一定是建立在严谨的员工手册、训练手册、作业手册等基础上的。

店长是一店之长，把店长放大了看就是团队领袖，从零售服务一线的角度看，店长和企业老板是一样的。不少企业的团队领袖都有共同的特征：个人能力非常强，喜欢事必躬亲，做事凭个人感觉与意志。这种特质会给企业管理带来瓶颈，无论你多么努力、多么优秀，你冲得有多远，你的手下都只会远远地站在后面看着你，却无动于衷，你会累得很惨却苦无成效。你只能做这么一点点的事，甚至是无用功，那么游戏结束，你出局了！

4. 品性的修炼

这里说的品性与诚实和责任有关。

趋利避害是人的天性，推卸责任是很多人的本能行为。作为店长，是门店的领军人物，他必须是一个忠诚、诚实和有责任心的人。

忠诚于事业是职业生涯规划中最重要的因素。好高骛远、急功近利是店长职业生涯大忌。圣人追求千秋功名，英雄追求一世英名，小人追求一天的利益。急功近利者可获一时之利，但从长远看，一生很难有所成就。

店长每天经手的都是再也普通不过的事，琐碎、程式、平淡，即便是日积月累下足工夫使卖场营业成绩做得出色，也只是公司总部销售终端的一个，如万里长城一块砖。在默默无闻中成就辉煌注定是店长生涯的唯一通路。

店长必须是诚实的人，对上司诚实，获得信任与授权，可以放开手脚做事。对下属诚实，获得信赖与支持，顺利展开工作。

有一个故事是关于招聘的。两个应聘者同时应聘一家公司，老板一见到应聘者甲，就激动地上去握着甲的手说：你不就是那天在公园里救了我儿子的那个人吗！甲吃惊之余，马上顺水推舟地说这是他应该做的，等等。轮到应聘者乙，老板还是演了这一出戏，他激动地认出乙是在公园救他儿子的那个恩人，而乙对老板说，尽管他很想成为那个救老板儿子的人，但很遗憾，他并不是。结果可想而知：应聘者乙被录取了，因为他具有诚实的品性。

店长是一店之长，集人、财、物三大权力于一身，能力虽强，但若不诚实，不可能受到公司总部的重用。

这个世界上没有绝对的好人与坏人，但一定分有责任心的人和责任心不强的人。有责任心的人可以成就任重道远的事业。责任意味着义不容辞，意味着不可推脱。没有任何借口去完成任务的典范是《把信送给加西亚》的罗文中尉。这是一个关于送信的传奇故事，蕴涵着企业成功和个人发展双赢的真谛。这位名叫罗文的英雄接到麦金莱总统的任务——给加西亚将军送一封决定战争命运的信，他没有任何推诿，而是以其绝对的忠诚、责任感和创造奇迹的主动性完成了这件“不可能的任务”。这位英雄的故事揭示了成功的一种模式。

你不妨自问：对于你的企业，你是那个可以依赖的人吗？你能把“信”送到“加西亚”手中吗？

5. 快乐心态的修炼

一念天堂，一念地狱。如果你把他人看成是天堂，你就活在天堂里；如果你把他人看成地狱，你就一定活在地狱里。

店长一定是快乐工作的，有不少人一开始觉得卖场工作很激动人心，但做了一段时间下来发现卖场工作总是日复一日，周而复始的简单劳动，于是心生厌烦之心。

面对同样的工作，有人做得快乐，有人做得不快乐。同样面对半瓶水，悲观者说：唉，只有半瓶水了！乐观的人说：哇，还有半瓶水呢！面对同事与顾客，乐观的人与他们相处得很快乐，悲观的人与他们相处得很苦恼。

所以，同样的工作，快乐地做与不快乐地做，效果是截然相反的。卖场管理工作意味着无论严寒酷暑，你都要准时出现在门店；意味着万家灯火时，你的身影依旧在店里忙碌着；意味着你面对日常管理，三百六十五天，日日如此。人的本性追求新鲜的事物，激情易失，因此在很多公司里普遍弥漫着消极无聊的工作气氛，工作效率低下，被称为职场上有害的"垃圾场"。

认定要做的事，想清楚你的目标及所扮演的角色，然后开始吧。做一只快乐的工蜂，带领着你的蜂群翩翩起舞。卖场就是你的舞台，所有的灯光是聚光灯，店堂里所有的营业设备是表演的道具，来来往往的顾客是一场又一场的观众。张扬生命，放飞激情，把所有可以想到浪漫的词都用在你团队的表演上。

拥有快乐的心，你就可以光明地做事！我们选择快乐的人生态度！我们在工作的过程中寻找快乐人生！

6. 服务竞争力的修炼

打造具有核心竞争力的服务是一个全球性课题，什么是具有核心竞争力的服务呢？

在愉快的过程中，使顾客获得他所想要的产品或服务便是具有核心竞争力的服务。举个例子，当人们高呼“地球人已经阻挡不住海底捞的进攻了！”的时候，海底捞已经完成了服务竞争力的塑造。

服务竞争力之一：专业的服务团队，拥有一流商品知识和顾客服务技巧。

良好的服务是由好产品、专业的商品知识和服务技巧组成的，三者缺一不可。

训练待客礼貌礼仪是最起码的，也是十分重要的，但请你记住，微笑并不是最核心的。设想一下，即便你的店员不停对着顾客鞠躬微笑，但服务过程中差错不断，能让顾客满意吗？

“微笑绝不能代替一部准点到达的大巴的本身。”服务的核心价值是向顾客提供物超所值的产品或服务。你和你的团队通过对商品或服务专业的了解，用精确的、有说服力的语言传达给顾客，从而使顾客产生“你是可以信赖”的感觉，进而产生购买行为。小商小贩式满脸堆笑、油嘴滑舌、死缠烂打式的推销已经过时。

服务竞争力之二：以差异化服务创造不可复制的精神品牌。

顾客到卖场来仅仅是买你的产品吗？不是！你得让他在购买产品的过程中享受愉悦的经历。

沃尔玛卖场所陈列的货品在其他商店（哪怕是街边的小店铺或菜场）都能买到。但是在从前，谁想到青菜黄鱼可以放在灯光明亮、环境洁净的卖场贩售呢？谁想到了喊出了“天天平价”“为顾客节约每分钱”的口号让人觉得在沃尔玛购物值得信赖呢？谁想到可以推着小车，悠闲随意地把货架上的东西扔进购物车里呢（这个时候顾客往往会往小车里扔着比他们真正需要的多得多的物品)？谁会想到用庞大的计算机系统来管理卖场的一切经营管理活动，包括几十个收银通道一齐开放，收银员手中的 POS 系统使顾客排队时间不会超过几分钟。沃尔玛卖什么？沃尔玛卖的是放心、便宜、方便、舒适，卖的是世界五百强企业排名第一的品牌精神。

现代商业社会不再仅仅卖产品，因为一般产品不具有附加价值，不具有附加价值的产品或服务可以在一夜之间被他人“克隆”，克隆的结果就是陷于恶性循环的价格战。只有当产品上升为品牌文化和品牌精神的时候，你所从事的事业才有了不可复制的核心竞争力。从顾客走进你的卖场起到他离开，他自始至终在体验美好的经历，无论他是以什么样的心情进来，他走的时候一定阳光灿烂。

当你不再卖产品，而是在向顾客卖精神、卖信仰的时候，你就创造了不可复制的精神品牌。

服务竞争力之三：不断创新以超越自我。

所有的产品或服务都可以被竞争者复制，唯有创新是企业保持竞争优势的活力源泉。创新是引领行业的原动力，没有创新，再红的品牌也会盛极而衰。店长要在服务规范和创新中不断寻求平衡点。规范是你卖场的最好的特色，只有规范才能让一个门店、甚至成千上万家门店向顾客提供标准化的服务。可惜的是，大部分企业要么缺乏规范的控制体系和管理模式，可谓“其兴也勃，其亡也忽”，要么就是几十年一成不变，直至无声无息地消失。

我们不得不佩服麦当劳和肯德基，全球上万家分店的运营依靠了规范化这柄利剑，每一家分店的服务和产品的品质高度一致化。进入中国市场以来，这两家快餐巨头采用了和全球其他地区特许经营相反的经营策略，他们一直坚持开设直营店，以保证服务和产品的高度一致。

另一方面，严格遵守规范并不意味着守旧不变，与麦当劳相比，肯德基更富有创新精神。它们经过长期的营运观察与分析后，研发出了具有中国特色的芙蓉汤、老北京鸡卷、皮蛋粥等产品，以适应中国顾客的需求。不过要注意的是，即便是创新，所有的改变仍在规范中执行，无论是芙蓉汤还是皮蛋粥，在全国所有的分店品尝到的都是一样的，从配料、味道、温度、到容器。这也是肯德基发展速度与规模都超过麦当劳的原因之一吧。

7. 管理能力的修炼

“任务重，压力大，我的时间不够用!”“我忙死了!”“我的手下不给力!”这是我们经常从店长那里听到的抱怨，情况真的是这样吗？我们的店长是否学会了时间管理呢？

管理学上有个著名的20/80法则，可以应用到很多领域，比如80%的利润往往由20%的商品贡献的，比如80%的错误是在20%的节点上发生的。这里的20/80规则是要告诉你：把80%的时间用在训练管理你的团队上面；让你的团队去完成门店80%的工作。做你应该做的工作，其他的让你的团队来一起完成!

大幅度提升效率可以应用以下方法：

第一，最大限度地应用总部的管理系统，即“系统手册化，流程规范化，作业标准化”。不少店长并不重视公司下发的作业手册，倾向于用自己的经验、习惯、喜好来管理门店，其实这是一个很大的误区。连锁经营，特别是零售服务管理，没有轰轰烈烈的事情，也用不上大智大勇之才，门店那些事儿，说透了就是“复杂的事情简单做，简单的事情重复做，重复的事情用心做”。麦当劳、肯德基不是靠几个精英做出来的，靠得是标准化这个利器，在很多国家和地区，从慈善角度出发，麦当劳、肯德基的分店还会雇用身体有缺陷的员工，他们接受了标准化系统的培训后，照章操作，同样可以做到丝毫不差。

第二，要学会授权，培养人才。对普通人来说，这是一个大课题。不自信的人往往习惯把权力抓得死死的，一点不肯放松。另一个极端是做"甩手掌柜"，官僚习气严重，什么事都不理。

正确授权需要：①胸怀；②看对人的眼光；③明确的目标；④制度和流程的保障；⑤关键节点上的督导。做到这五点，你的工作效率可以大大改善。

第三，变复杂为简单。有趣的是，把简单的问题复杂化很容易，把复杂的问题简单化却需要高超的技巧。"奥卡姆剃刀定律"很有名，奥卡姆是个英国人，他主张只承认确实存在的东西，认为那些空洞无物的普遍性要领都是无用的累赘，应当被无情地"剃除"，概括起来就是"如无必要，勿增实体。"人们就把这句话称为"奥卡姆剃刀"。

人们为了追求管理目标往往会落入管理的误区，弄出越来越多的条例来管控这个，管控那个，管理者被这些自己制造的麻烦压垮。记住，复杂容易使人迷失，许多终日忙忙碌碌的管理者却鲜有成效，究其原因，在于其缺乏简单管理的思维和能力。从这个意义上讲，管理之道就是简化之道，简化才意味着对事务真正的掌控。

第四，你要学会应用计划、表格来管理你的时间。俗话说"百步无轻担，万事无超人"。肩负的东西再轻，走一百步会也觉得很沉重，再厉害的人能人，事情多了也会记不住而丢三落四。有一种表格是一个叫甘特的美国人发明的，所以也叫甘特图，又叫横道图，很好用。用甘特图（见表1－1）把你的事务做成计划，日日检查，落实，你会发现你在效率提升上进步巨大。

共同的目标，共同的任务，让你的事变成大家的事情。不仅要说，而且要练，支持、帮助你的团队成员达成目标。协调团队成员之间的矛盾，保证他们朝着共同目标卖力工作。

表 1－1 用甘特图表示的工作计划表

	年度工作计划																																		
	1月			2月			3月			4月			5月			6月			7月			8月			9月			10月			11月			12月		
	上	中	下	上	中	下	上	中	下	上	中	下	上	中	下	上	中	下	上	中	下	上	中	下	上	中	下	上	中	下	上	中	下	上	中	下
组织结构定案	■																																			
门店调查	■	■	■																																	
各节点作业流程启动	■	■	■																																	
员工招募流程、表单	■	■	■																																	
员工试用期考核流程、表单	■	■	■																																	
员工调岗流程、表单	■	■	■																																	
员工离职流程、表单	■	■	■																																	
员工薪酬考核流程、表单	■	■	■																																	
采购作业流程（供应商选择、采购实施、供应商评估）、表单	■	■	■	■	■	■																														
采购报销流程、表单	■	■	■	■	■	■																														
仓库验收作业流程、表单	■	■	■	■	■	■																														
出差报销流程、表单	■	■	■	■	■	■																														
展店作业流程、表单				■	■	■	■	■	■	■	■	■																								
商圈评估标准、表单				■	■	■	■	■	■	■	■	■																								
门店评估标准、表单				■	■	■	■	■	■	■	■	■																								
投资收益评分析标准、表单				■	■	■	■	■	■	■	■	■																								

续表

	年度工作计划																																		
	1月			2月			3月			4月			5月			6月			7月			8月			9月			10月			11月			12月		
	上	中	下	上	中	下	上	中	下	上	中	下	上	中	下	上	中	下	上	中	下	上	中	下	上	中	下	上	中	下	上	中	下	上	中	下
装潢作业流程、表单																																				
商业空间手册（室内外效果图、平面图、灯位图、施工图、材料标准、施工方法、作业标准）																																				
开店作业流程、表单																																				
门店管理手册（营业、操作、营业空间、顾客投诉、收银、紧急事务、员工管理、进销存、促销、）																																				
销售管理手册																																				
门店督导手册																																				
门店职阶培训考核手册																																				
中央厨房手册																																				
信息化作业手册（软硬件安装、运营、安全、维护、培训）																																				
促销作业流程、表单																																				
广宣活动作业流程、表单																																				
加盟手册																																				

续表

	年度工作计划																																			
	1月			2月			3月			4月			5月			6月			7月			8月			9月			10月			11月			12月		
	上	中	下	上	中	下	上	中	下	上	中	下	上	中	下	上	中	下	上	中	下	上	中	下	上	中	下	上	中	下	上	中	下	上	中	下
企业识别手册（MI、VI、BI）	■	■	■	■	■	■	■	■	■	■	■	■																								
员工职阶薪酬手册		■	■	■	■	■	■	■	■	■	■	■	■	■	■	■	■	■	■	■	■															
现有人员岗位落实		■	■																																	
岗位空缺分析				■																																
招聘网站分析	■	■	■	■																																
招聘网站签约	■	■	■	■																																
岗位职务说明（职责、技能要求、薪资）	■	■	■	■																																
招聘岗位信息发布					■	■	■	■	■																											
招聘人才到位							■	■	■	■	■	■	■	■	■																					
招聘人才岗前培训							■	■	■	■	■	■	■	■	■	■	■	■																		
招聘人才上岗										■	■	■	■	■	■	■	■	■	■	■	■															
储备店长的招募	■	■	■	■	■	■	■	■	■	■	■	■	■	■	■	■	■	■	■	■	■															
店长培训课程																																				
商品组合研发																																				
培训场地落实	■	■	■																																	
储备店长宿舍落实	■	■	■																																	

8. 目标管理能力的修炼

做事没有效率有两种可能，一种是有行动无目标，如无头苍蝇嗡嗡乱飞，另一种是有目标无行动，如白日做梦，两者都不成事。

在企业经营管理中，目标决定方法，方法就是我们平时听到的战略或策略，有了方法才能形成具体任务，才有落实与执行。因此，目标如靶子一样，清晰是首要的，目标实施过程管理更是重要的。值得注意的是：管理的误区经常出现在目标实施过程中，往往因为监督执行不到位，导致目标达成不理想。

（1）如何进行有效目标管理。

①明确目标：向团队宣导总部对门店的营业目标与要求，全体同事明确目标。

②规划方法：店长与团队成员共同规划达成目标的手段，并形成相应任务。

③任务分配：把每项任务进行细分，落实到具体岗位上，并规划清晰的时间进程表。

④落实执行：

A. 有效率的安排落实各项例行工作。

B. 检查各阶段目标的达成与否。

C. 目标达成须及时鼓励团队成员。

D. 目标达成如有偏差，根据实际情况及时采取措施或适当修正目标。

（2）什么时候制定目标。

营业目标的制定一般跟着公司年度计划走，公司年度计划是指各类营业基础目标，总部或门店管区通常会在每年年底（11 月份前后）下达单店营业增长目标、年销售指标、年度预算、利润率等。

接到总部下达的单店营业目标后，店长要在规定时间内分解目标，营业额可以分不同维度分解，时间维度（营业目标细分至季度、月季、周、日）分配；个人维度（营业目标分解落实到每个人）分配；商品维度（营业额对应至具体商品种类）分配。其他需要制定的经营目标还有：商品采买计划、成本控制计划、商业空间陈列计划、促销活动计划、员工招募与培训计划等。

目标制定须配套检核周期与方法。

一般为年底 11 月开始着手订定，12 月中旬落定结束。

目标制定一般用 EXCEL 表格完成，纵轴（竖栏）表示任务，任务越细越好，横轴（横栏）用来表达时间，线条表示在整个期间上计划和实际的活动完成情况，它直观地表明任务计划在什么时候进行，及实际进展与计划要求的对比。管理者由此可便利地弄清一项任务（项目）还剩下哪些工作要做，并可评估工作进度。

（3）目标如何跟踪。

目标开始实施后，根据表格上配套的周期（日、月、季度、年）进行检查、核对其目标达成率，达成率的原因、未达成目标的补救措施。

注意，目标跟踪一定要及时做，千万不能在目标周期行将结束的时候再作检查，否则若实际达成与目标差距太大时，将来不及做出补救。

（4）哪些目标值得跟踪。

①营业增长。营业增长率就是现时的某一个特定周期与过去的一个周期的营业成绩相比，通俗地说就是现在的生意比过去相比是多多少，或者少多少。注意，今年要和去年相比，这个季度的要与去年同季度相比。

营业增长率（去年同比）＝（本年本期营业额－去年同期营业额）/去年同期营业额×100%

②人均劳效。人均劳效的概念是总销售额除以当期总在岗人数（营业额越高，人员越少，人均劳动效率就越高，反之就低）。人均劳效可以看出一家门店竞争力如何，公式如下：

人均劳效（同一时期）=销售额/在岗总人数×100%

③平均米效。平均米效的概念是单位面积营收，也称“坪效”。面积越少，创造的营业额越高，说明效益越好，反之就低。公式如下：

平均米效=销售额/实际经营面积×100%

注：比较平均米效值时，注意时间段的可比性！实际经营面积须除去用来储备货品的仓库面积。

④租销比。租销比是租金与年销售额的比值，各个行业租销比各有不同，相同的租金占销售额的比例越低越好，要知道，在商铺租金节节上升的年头，铺租吃掉利润的现象越来越严重，开店在很大程度上是为房东打工。公式如下：

租销比=年租金/年销售额×100%

其中，年租金包括物业管理费用与房租租金！

⑤营业利润。营业利润就是营业收入（总销售额）减去全部经营成本，毫无疑问，营业利润在所有指标中是最重要的指标。该指标反映企业一定期间内的经营成果，公式如下：

营业利润=营业收入－营业成本－营业税金及附加－期间费用

⑥顾客增长。同期相比较，顾客数量增长了多少，公式如下：

顾客增长率（上期环比）=（本期来客数－上期来客数）/上期来客数×100%

⑦客单价。客单价是指门店每一个顾客平均购买商品的金额，也即是平均交易金额，客单价是在一定时期内的平均价格，离开了时间这个指标

没有任何意义。公式如下:

客单价＝销售额/顾客数

注:要关注时间段的可比性。

⑧投资回报率。投资回报率是指通过投资而应返回的价值,也就你的所得除以你的付出再乘以100%,记住,当你在某个事情上花了时间、金钱或努力,你就是在进行一项投资,回报越高,说明你的门店越值得投资。计算投资回报率需要考虑货币时间价值。公式如下:

投资回报率(ROI)＝年利润或年均利润/投资总额×100%

⑨员工离职率。员工离职率是指每年(或期内)员工离职人数与预算员工总人数之比,比如说,你店内需要20个员工,一年内离职员工10人,离职率就是50%。某种程度上,离职率可以反映出你的人力资源管理水平,管理水平越高,员工离职率越低,管理水平低,员工离职人数就会增加。公式如下:

离职率＝期间内离职人数/预算员工人数×100%

离职率＝期间内离职人数/期初人数×100%

⑩库存率。这里的库存是指因进货过多或所进货品不符合市场需求而导致的积压商品,库存越大,你的利润就越少,因此控制库存数量是店长的重要任务。公式如下:

库存率＝所销商品/进货总量×100%

⑪存货周转率。存货周转率用于反映存货的周转速度,即存货的流动性及存货资金占用量是否合理,周转率越高,资金使用效率越高。公式如下:

存货周转率(即存货周转次数)＝销货成本/平均存货余额

平均存货余额＝(期初存货＋期末存货)/2

存货周转天数＝360/存货周转次数

9. 专业综合能力的修炼

作为一个店长，毫无疑问必须具备专业综合能力，卖场营运控制能力就是其中之一。第一，你要熟悉门店营运流程、作业标准等一系列的管理系统。第二，你要培养你和团队“既见森林，又见树木”的观察思维模式，森林是整体布局，树木是具体问题。从根本上看，零售是由单店、单人、单品组成的，换句话说，业绩是由每家店的每个员工所卖出的每一件商品组成的，所有的营运管理制度都会落实单人单品上面，单人单品的问题就是门店的问题。

专业综合能力也包括优秀的销售技巧能力，门店在整个连锁系统中是最基本的经营单元，好店长基本上都是从销售一线升上来的，应该具备突出的销售技巧。这种能力可以让你的营销策略、销售培训、销售实施更符合实际，更具有说服力。

人际沟通能力一半是天生的，一半是后天培养而成的。所谓沟通就是双方相互表达需求、寻找共同点、最后达成一致的人际关系行为。这些素质在对成功沟通有着重要作用：①诚恳的心态；②理解的心情；③稳重的体态；④微笑地注视；⑤专注地倾听；⑥适宜的语速；⑦清晰的表达；⑧可实现的承诺。

记住这“八大”要诀，你会成为沟通高手的。

危机处理与应变能力也是店长综合素质的体现，管理学有句名言：凡是可能就一定会发生！危机就是突发事件，而且一定不是好事，处理不当必定影响门店经营或招致经济损失。

危机处理与应变能力可以从下几个方面着手：①记住市场经济就是法制经济，店长必须具备基本法律常识，这对危机判断至关重要；②日常经营管理中教育训练员工遵守法律法规及提高安全防范意识；③将可能的发生的危机归类，如员工人身安全、门店设备安全隐患、防火防损防盗防抢措施、顾客投诉过程中的极端行为等，作为可能发生的危机防控预案；④遇事不慌，依预案处理，在自己掌控范围内的自行妥善解决，超出者报告上级及政府有关部门出面解决。

以上专业综合能力是由各项专业知识支撑起来的，如卖场经营管理知识；人力资源管理与训练知识；消费心理学、消费行为学知识；专业的商品知识与相关法律法规知识；计算、统计、分析各项营业数据的知识等，这些知识完全可以通过工作经验的积累、参加专业培训、自学等方式获得。记住，其中的重要原则是“学以致用”。

第二章 钢铁团队是怎样“炼”成的

把你的团队打造成钢铁团队，店长在这个过程中须扮演训练角色、管理角色、鼓励角色、传达角色、沟通角色、倾听角色，朋友角色。

■ 培养员工的责任心

传统的做法是采用“由外到内”的诱发，诱发人性逐利的一面，用利益机制将职责和效益挂上钩，这个方法的缺陷是：当目标未达成时，员工归错于外。

现代管理学从“由外到内”进化到“由内到外”的生发，即增强人性中渴望自我做主、承担责任的意识，只有这样，才能真正焕发员工的奋斗精神。工作中，要切实注意工作方法，特别要牢记以下四大定律：

“被需要”定律——让员工被“需要”，越是被需要，越愿意贡献价值；价值贡献越大，越愿意贡献价值。

不值得定律——当员工觉得不值得做的事情，就肯定做不好，他就越没有积极性去做”。

成功率定律——成功率过高时，即使成功，员工也不觉得有多大的成就感。

认可率定律——无论做了多少事情，如果没有得到认可，也不会产生成就感。

员工是真正的英雄。有一个日化公司，世界五百强，一群高管绞尽脑汁想提高一种牙膏的销售，却没想到好办法，于是全公司悬赏征集销售的好办法，收到一大堆销售促进的意见，结果一个保洁女工的方案获得第一名，她告诉营销高管们说：这个很简单，把牙膏口开大一倍，销售一定倍增。这是一个了不起的好主意，简单、有效。

员工有改进服务的建议，一经采纳后要马上奖励，让员工有一种参与的成就感和尊重感。有成就感的员工才能感受到工作的意义和快乐。在一个优秀的团队里，没有旁观者，只有团队发展的重要建设者。

做餐饮的有个名词叫“免单”，大部分餐馆只有老总才有免单权。这样的事情经常发生，当顾客因服务或品质严重不满、投诉的时候，员工和经理们总是千方百计为自己服务和品质辩护（有时甚至是狡辩或强辞夺理），说穿了就是领导层舍不得那点小利益，不肯放开管理的权力。

海底捞却反其道行之，给员工免单权，即只要顾客提出意见，员工根据判断，就有权给顾客免单。给员工免单权完全是出于对员工的信任，员工感觉到企业在信任他，对他好，员工自然就会对顾客好，顾客就会对企业好，这是一个简单的不能再简单的道理，但很少有老板看得透。不以绩效考核为导向的海底捞却深谙其道，做得很好，生意自然也好。

培训贵，不培训更贵

日本于19世纪60年代发生的明治维新因大力发展教育，跻身于世界强国之列。现代商业社会中的世界五百强企业，无不建立了企业内部的强大的培训体系，由此，我们可以看到，没有一个宏大的事业是没有教育训练作为支撑的。

但是，至今有很多公司不愿意在培训上花钱，一是认为培训太贵了，二是认为培训了员工，员工离职，等于是为别人培训。不培训的结果是什么呢？员工不停地犯错，而且很多是重复的错误，品质差、效率低，成本高。

看看肯德基是怎么做的！肯德基在中国的母公司百胜餐饮集团建立了专门的培训与发展策略。即使是总部员工，入职后也必须到肯德基餐厅实习满一定的天数，熟悉餐厅作业、企业文化的内涵。餐厅员工从进店的第一天开始，每个人就都要接受各工作站（厨房各操作岗位）基本的操作技能培训，培训达200个小时左右，并通过考试取得结业证书。员工晋级也要接受培训，从见习助理、二级助理、餐厅经理到区经理。训练一名餐厅经理的培训费用高达20万元。

肯德基通过实际工作和培训，使员工变成经营管理人才，难怪有人说麦当劳、肯德基是中国快餐业人才的黄埔军校。

在我们的管理过程中，训练内容大致可分为企业文化、职场规划、人事制度、门店管理手册、商品知识、销售技巧、人际沟通技巧、正确的价值观与人生观等。

■"死去活来"的管理手段

招募"对"的员工、用人所长，人性化与制度有机结合，制度为"骨架"，原则和底线必须制定，这是所谓"死"。同时，仅用制度是不够的，这里需要店长倾注心血，与团队成员建立情感纽带，这是情感，是"血肉"，此为"活"。

店长的管理内容有：①依据卖场的工作计划，组织店职员及人数编制并予以定位。②根据历史销售记录，分析节、假日人流量，做好排班工作。③制定清晰的营业目标、清楚的工作分配，在过程中给予具体员工以正确指导，确保创造个人最佳表现。④最大程度应用总部人事规章制度，适当的约束、纠正员工的非规范行为，同时也为员工争取福利。⑤根据总部考核、奖惩制度，严谨处理员工考核、奖惩、晋升、离职等事项。

■ 给予团队明确的任务

有些人很不善于对内部进行分工明确，分工不明确、任务不清晰，自然会导致错误百出，要知道，员工的错误80%是源自组织流程设计的不清晰、甚至是错误的流程设计造成的，责任在领导！

有一个企业，招了一批大学毕业生充实团队。经过近一年的磨炼，他们中的大部分留了下来。

其中有个叫小王的，分到物流部门，工作兢兢业业，全国所有门店货品的配送、退货、物料的运送就是他在负责，但管理者从来就没有正式任命他做主管。一次司机到车站提货，将货车停在货场外面，在其离开的那段时间里小偷推开了车窗玻璃，偷走了一箱商品。究其原因很简单，一扇车窗坏了，不能从里锁上，司机既不报告上司（他没有直接上司可以报告），也不想办法修理。

这个案例说明，没有明确的主管任命是错误的，在上面的案例里，上级一直认为他还不够成熟，这是管理的误区，从管理的道理上来看，没有更好的，就用眼下最好的。这也说明了没有明确的任务更是有问题的，任命小王，制定该部门的规章制度，包括防损措施、交通安全、明确上下游关系，这才是管理之道。

■ 鼓励永远比斥责有用

店长的重要职责之一就是激发职员的能力与士气，随时给予其鼓励与指导。我们每个人或多或少有着实现自我价值的人性需求，要满足这种人性需求，“激励”比“惩罚”要好用。

有则著名的寓言：有一次，太阳和寒风争论谁的力量大，最后决定对一个正穿着厚外套的旅行者打赌，看谁能让行者脱下外套。于是寒风卖力地吹了起来。北风呼啸，雨雪交加，行者反而把外套裹得越紧。轮到太阳了，阳光开始照耀并温暖着大地，温暖了那个已经快冻僵了的行者，他感觉越来越热，终于脱下了厚外套。

记住，爱和善良的力量要远远大于愤怒和仇恨。因此，多给“胡萝卜”，少给“大棒”。

■ 执行力源于沟通

公司总部是商品研发、制造供应、商业空间标准、营运服务标准的输出者。门店是具体执行者，店长的重要职责是做公司总部与门店员工之间的沟通桥梁，上情下达，下情上达，进而促进彼此间的认同与期许。

在此过程中，如遇自己不理解、不认同的总部政策，可与总部沟通，切忌与员工一起抱怨、加剧门店团队的对抗心理。从长远角度来看，这样的行为会压抑团队士气，有损店长的领导力，其结果一定是反受其累。要知道，你的任何行为都是他们的镜子，他们会有样学样。

管理上讲究“执行”两个字，中国人向来不缺乏智慧，我们的问题不是不聪明，而是太聪明。但是为什么我们的企业总是做不过国外的企业呢？问题还是在执行两个字。

执行是什么？执行是一群人共同把某种想法付诸于现实的行为。既然是一群人，就会对同一件事各有各的理解，各有各的做法，各有各的标准。这样一来，做出来的事往往和设想的就会有很大的出入。这个问题一直是困扰企业家的大问题，外国的也好，中国的也好，甚至连我们的门店店长也会为这个问题苦恼。

企业管理是最复杂的一项人类活动之一，特点是管理模式经常会随着市场变化、企业发展程度等变化而变化。如果要达到良好的执行效果，就要注意以下几个方面：

（1）全体团队做事要达到良好的沟通。

（2）良好的沟通源于对目标的共同认可。

（3）良好的沟通要有规定的沟通方式（而且这个沟通方式必须是有效的）。

（4）管理中产生的变动一定要随时记录下来，规定新目标、新的做法，及做好的标准。

（5）沟通方式除口头沟通外，一定要有书面的通知。

某品牌专卖店按公司要求装了宽带，大家知道宽带费用有多种方式选择，包月，包小时数，等等。该专卖店就用了每月包100小时的方式，这件事本来没什么问题。但老店长调离后，新店长接手，因缺乏沟通，新店长到任后经常使门店电脑始终处于连线状态。到月底一结算，发现严重超支。公司总部本以为是电信公司乱收费，后来派人前往当地了解后，才知道问题出在员工自己身上。

启示：没有交接，没有表单化的书面记录，做事凭想当然，出现错误也是在所难免的。

■ 爱兵才配带兵

好店长要对团队成员的性格特征、长板短板了如指掌，关心他们，了解他们，急他们之所急，忧他们之所忧。好店长，会从内心深处去爱“他的兵”。

战国时期，有个叫吴起的将军，和最下层的士卒同衣同食。睡觉时不铺席子，行军时不骑马坐车，亲自背干粮，和士卒共担劳苦。士卒中有人生疮，吴起就用嘴为他吸脓。这个士卒的母亲知道这事后大哭起来。别人说：“你儿子是个士卒，而将军亲自为他吸取疮上的脓，你为什么还要哭呢?”母亲说：“不是这样。孩子的父亲当兵时，将军为他父亲吸过疮上的脓，他父亲作战时一往无前地拼命，所以就战死了。现在将军又为我儿子吸疮上的脓，我不知他又将死到那里了，所以我哭。”爱你的兵，他们才会在战场上为你拼命。

因此带好属下要记住如下秘诀：

（1）胸襟宽阔，包容性强。

（2）做事严谨认真，切忌糊涂马虎。

（3）凡事身体力行，以身作则。

（4）管理对事不对人，严格按照规章制度执行，切忌情绪化，凭个人好恶行事。

（5）做到有赏有罚，赏罚分明，赏罚公正。

（6）充分利用公司晋升、创业制度，辅导员工做好职业生涯规划。

■ 赢得信任赢得人

员工信任你，才会真心跟着你走，缺乏信任的团队在心里不认同你，行动上不采纳，再好的计划也会化为泡影。那么，一个好店长如何赢得属下的信任呢?

首先，要学会用欣赏的眼光去看待你的员工，做到用人不疑，疑人不用，要知道，人是越被欣赏越卖力的。

其次，学会“用人之长”。俗话说：“寸有所长，尺有所短。”你要在工作中去发掘店员的长处，并尽力发挥其长处，而不是盯着其短处无限放大，摧损其自尊和向上的潜力。

员工进步的动力是通过努力，使得其能力、职务、薪酬福利不断上升，这个上升的计划便是职业生涯规划，好的职业生涯让员工清楚地看到花多少时间、什么的努力、能获得什么样的职业发展结果。

职业生涯规划最终可以用一张图表来表达（见表2-1），看上去像一个梯子，横轴代表了时间，纵轴代表了逐级上升的职务与收入，看起来一目了然。

表 2–1　零售管理职业生涯规划图表

零售管理系统职阶薪酬表

职级	工作性质	薪酬（1st–24th）
大区主管	管理5-6个DM，管辖600家门店。	基础工资5200（基本1310+岗位3890）+超标部分0.1%
大区助理	协助主管工作	基础工资4700（基本1310+岗位3390）+超标部分0.05%
DM督导三级	管理5-6个AM督导，管辖约100家店铺。	基础工资4180（基本1310+岗位2870）+超标部分1%
DM督导二级		基础工资3980（基本1310+岗位2670）+超标部分1%
DM督导一级		基础工资3780（基本1310+岗位2470）+超标部分1%
AM督导三级	15-20家店铺标准化管理督察与指导	基础工资3580（基本1310+岗位2270）+超标部分2%
AM督导二级		基础工资3380（基本1310+岗位2070）+超标部分2%
AM督导一级		基础工资3180（基本1310+岗位1870）+超标部分2%
店长三级	零售、单店管理	基础工资2980（基本1310+岗位1670）+绩效(同下）
店长二级		基础工资2780（基本1310+岗位1470）+绩效(同下）
店长一级		基础工资2480（基本1310+岗位1170）+绩效(同下）
店助	零售、协助单店管理	基础工资1980（基本1310+岗位670）+绩效(同下）
导购三级	零售、收银	基础工资1880（基本1310+岗位570）+绩效(同下）
导购二级	零售	基础工资1680（基本1310+岗位370）+绩效(同下）
导购一级		基础工资1480（基本1310+岗位170）+绩效(销售额×8%÷12÷当月员工数)-基础工资
实习	零售实习	首月培训期1280，无提成，第二个月实习期，参与销售提成，直至毕业，跳过试用期，双向选择后签约为正式员工；

注：3个月为一个晋级时间单元	1st	2nd	3rd	4th	5th	6th	7th	8th	9th	10th	11th	12th	13th	14th	15th	16th	17th	18th	19th	20th	21st	22nd	23rd	24th
	第1年				第2年				第3年				第4年				第5年				第6年			

还有，要学会公平、公正对待员工，严格要求自己、要求员工以公司利益为上。多采用与你有相同理念的人，少采用与你同一类型的人。记住，切忌拉帮结派，党同伐异，小团体可以争得一时之利，但长久下去，反受其害。

最后，很重要的是：在团队中勇于承担责任。你是决策者、领导者，好结果要归功于团队，坏结果由自己承担，谁也不喜欢跟着一个自私自利的领导做事，更不要说去为他拼命，为他打天下了。

■ 学会人力资源管理

店长的重要任务之一是人力资源管理，人力资源管理并不神秘，它包括以下基本内容：

（1）职位分析。职位分析就是从全店角度分析，如果要有效完成门店营业任务，需要设置哪些岗位、需要多少人手。

（2）人力资源计划。经营管理是一件计划性很强的工作，人力资源也不例外，人多了造成浪费，人少了影响生意。人力资源计划包括：员工晋升规划、人员补充规划、人才培训开发规划、员工调配规划、工资规划等。

（3）人力资源招聘与配置。招募新人的有哪些方法呢？一般可以用以下方式：人才市场招聘；与相关职业学校建立联系；内部员工、亲朋好友介绍；店头张贴招聘海报；网络（人才网、QQ、微博等）招聘；请求总部人事部门支援等（见图2－1、图2－2）。

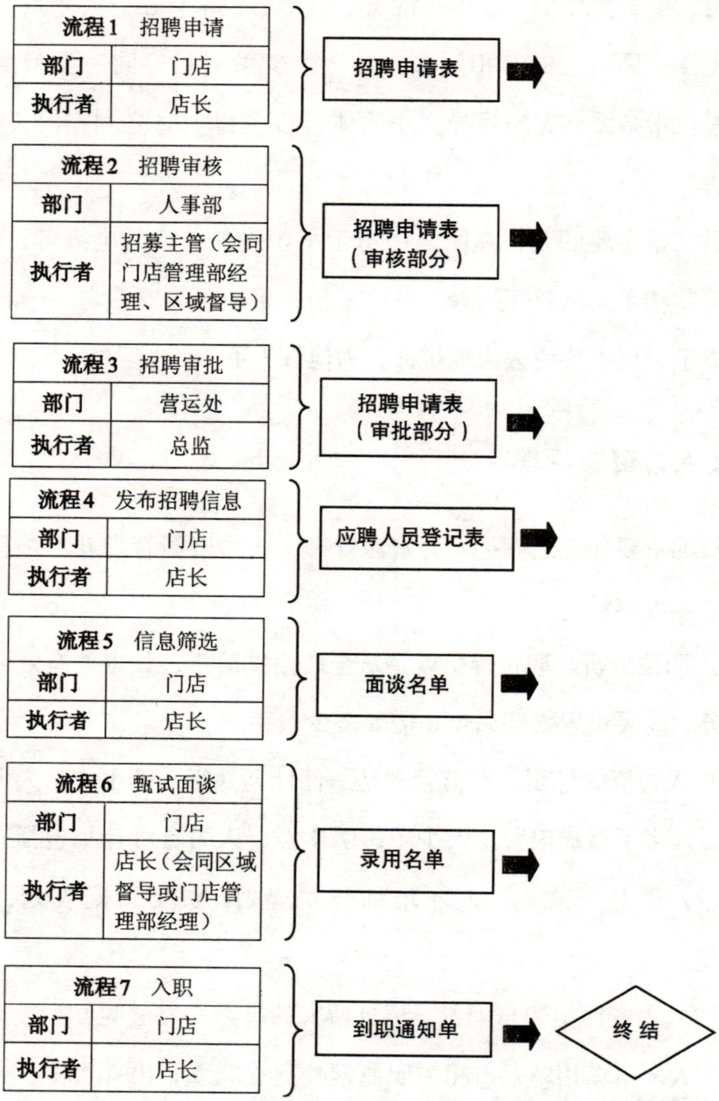

图2－1 人力资源招募流程图

招聘面试是重要环节，你与应聘者面对面进行交流，他的一举一动、一言一行会让你产生基本判断。应聘者性格阳光、开朗、有亲和力吗？零售服务业强调的是快乐服务顾客的性格，你能指望一个郁郁寡欢、脾气暴躁、自以为是的员工伺候好你的顾客吗？应聘者诚实吗？吃苦耐劳吗？有

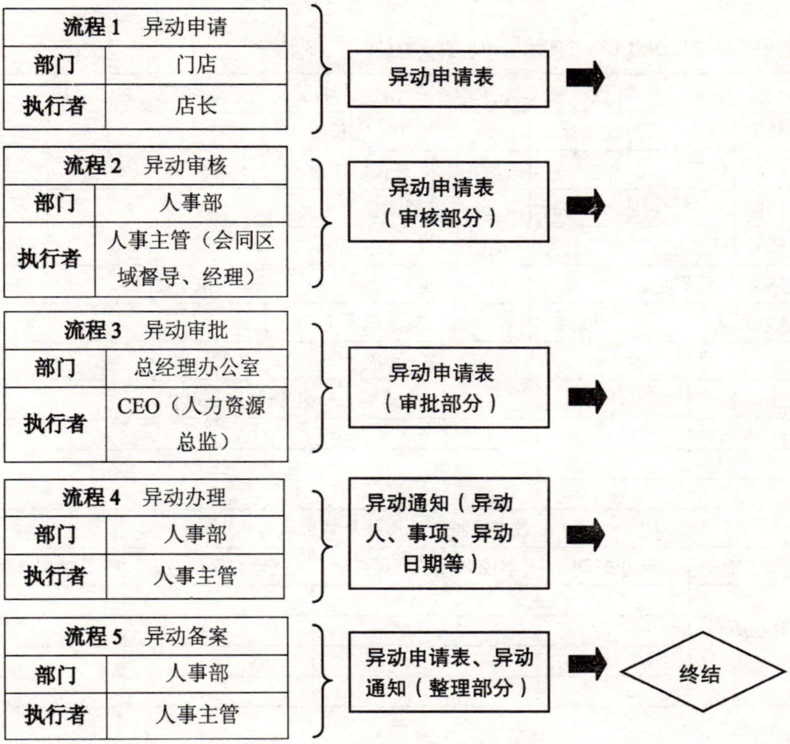

图2－2 人力资源异动流程图

强烈的上进心吗？学历、专业知识、技能符合要求吗？有相关的工作经历和经验吗？表达能力如何？体质能适应应聘的岗位吗？薪资福利要求你能满足吗？应聘者跳槽频繁吗（一年内换一次以上工作）？前一个工作的离职原因是什么？为什么到这所城市来发展？家庭背景是什么样的、对他的影响是什么？兴趣爱好是什么？除专业之外，有什么特长？

招聘面试时，你也要给面试者留下一个好印象，记住，在全过程中，保持礼貌、微笑、倾听、专注，你代表了公司形象。

这些都是你必须弄清楚的，记住，招“对”的人是人力资源招聘中重要原则，人招对了，你就省心多了，培训成本一定会大大降低，效率一定会大大提高！以下，为应聘人员信息登记表的一个模版（见表2－2）

表 2－2　应聘人员信息登记表

请用正楷填写字迹工整，所填写内容真实有效

<table>
<tr><td>姓　名</td><td></td><td>性　别</td><td>M□ F□</td><td>出生日期</td><td>□□□□年□□月□□日</td><td rowspan="5">近期免冠彩色一寸照</td></tr>
<tr><td>婚姻状况</td><td>已□ 未□</td><td>政治面貌</td><td></td><td>主要成长地</td><td></td></tr>
<tr><td>身　高</td><td>□□□CM</td><td>体　重</td><td>□□KG</td><td>现在居住地</td><td></td></tr>
<tr><td>文化程度</td><td></td><td>专　业</td><td></td><td>通知投寄地址</td><td></td></tr>
<tr><td>身份证号</td><td colspan="5">□□□□□□□□□□□□□□□□□□</td></tr>
<tr><td>本人联系方式</td><td colspan="2">固话：</td><td colspan="2">手机：</td><td colspan="2">电子邮件：</td></tr>
<tr><td>紧急联系人</td><td></td><td>关系</td><td></td><td>紧急联系电话</td><td colspan="2"></td></tr>
<tr><td colspan="7">家 庭 成 员</td></tr>
<tr><td>亲属关系</td><td>姓　　名</td><td colspan="5">工作单位及现状</td></tr>
<tr><td></td><td></td><td colspan="5"></td></tr>
<tr><td></td><td></td><td colspan="5"></td></tr>
<tr><td></td><td></td><td colspan="5"></td></tr>
<tr><td colspan="7">教育、培训经历（从最近填写）</td></tr>
<tr><td>类　　别</td><td>起止时间</td><td colspan="2">学校名称、培训机构</td><td colspan="2">教育、培训专业</td><td>学位/证书</td></tr>
<tr><td rowspan="4">教育经历/培训经历</td><td></td><td colspan="2"></td><td colspan="2"></td><td></td></tr>
<tr><td></td><td colspan="2"></td><td colspan="2"></td><td></td></tr>
<tr><td></td><td colspan="2"></td><td colspan="2"></td><td></td></tr>
<tr><td></td><td colspan="2"></td><td colspan="2"></td><td></td></tr>
<tr><td colspan="7">技能专长</td></tr>
<tr><td>计算机水平</td><td colspan="6">Word□　Excel□　PPT□　网页制作□　Photoshop□　CAD□　其他：</td></tr>
<tr><td>专业技能</td><td colspan="6">驾驶□　化妆□　唱歌□　跳舞□　武术□　演讲□　茶艺□　插花□　咖啡制作□　幼教□　绘画□　写作□　家政家务□　其他：</td></tr>
<tr><td colspan="7">工作经历（从最近填写）</td></tr>
<tr><td>工作起止时间</td><td>公司名称</td><td>主要工作内容</td><td>工作岗位</td><td colspan="2">薪资标准</td><td>证明人电话</td></tr>
<tr><td></td><td></td><td></td><td></td><td colspan="2"></td><td></td></tr>
<tr><td></td><td></td><td></td><td></td><td colspan="2"></td><td></td></tr>
<tr><td></td><td></td><td></td><td></td><td colspan="2"></td><td></td></tr>
<tr><td></td><td></td><td></td><td></td><td colspan="2"></td><td></td></tr>
<tr><td colspan="7">自我评价</td></tr>
<tr><td colspan="2">您认为您的职业优势是：</td><td colspan="5"></td></tr>
<tr><td colspan="2">您认为您的职场缺陷是：</td><td colspan="5"></td></tr>
<tr><td colspan="2">兴趣爱好</td><td colspan="5"></td></tr>
<tr><td colspan="2">职业目标</td><td colspan="5"></td></tr>
<tr><td colspan="2">应聘岗位职位</td><td colspan="5">门店销售□ 商业空间设计□ 商品管理□ 陈列□ 培训师□</td></tr>
<tr><td colspan="2">薪资要求</td><td colspan="2"></td><td>可到岗日期</td><td colspan="2"></td></tr>
<tr><td colspan="2">其他要求</td><td colspan="2"></td><td>签名日期</td><td colspan="2">□□□□年 □□月 □□日</td></tr>
<tr><td colspan="7">申明：以上所填信息均为真实有效，如有虚假，自愿承担所有责任。填表人签字：</td></tr>
</table>

■ 人力资源教育训练

任何团队领袖本质上就是一个优秀的导师、优秀的教练。教育与训练是两个不同概念，教育是对一个人的人生观、价值观、道德品质、心态等精神领域的教导和培养，训练侧重于作业技能的示范和培养。一个合格的店长必须持续对员工进行价值观、心态、职业道德、服务意识的教育，以及公司制度、作业流程、标准、技能的培训。

人力资源教育训练非常重要，肯德基公司进入中国17年来，累计培训员工20万人次，基本培训资金投入超过2.4亿元，麦当劳甚至拥有正规的汉堡包大学，专门培训输出经营人才。可以说，没有教育训练的组织无异于乌合之众，成就不了伟大事业，更不要说做到基业长青了（见图2－3）。

流程1	培训申请
部门	门店
执行者	店长

→ **培训需求表** ➡

流程2	培训审核
部门	培训中心
执行者	培训讲师（会同人事部、门店管理部）

→ **培训申请表（审核部分）** ➡

流程3	制订培训计划
部门	培训中心
执行者	培训讲师

→ **培训计划表** ➡

流程4	培训计划审批
部门	总经办
执行者	CEO（人力资源总监）

→ **培训计划表（审批部分）** ➡

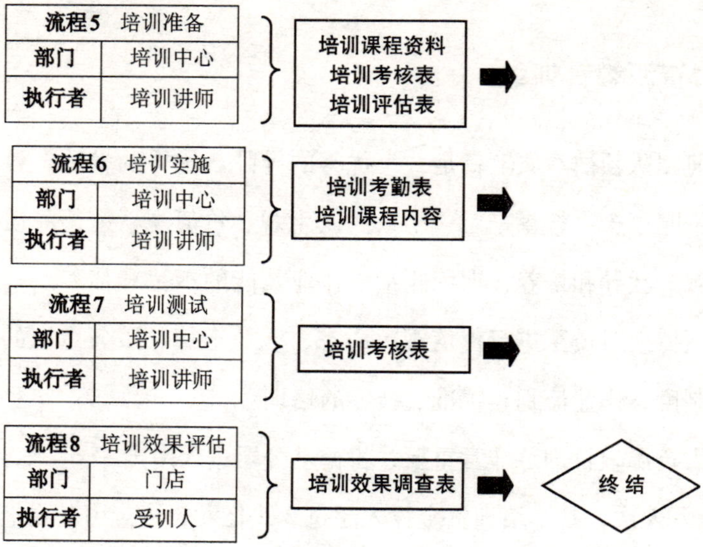

图2－3 培训系统流程图

资深员工的训练内容主要是围绕管理能力展开，目的是培养门店管理干部，培训的主要内容有：服务管理、形象管理、销售管理、商圈管理、营业活动管理、人力管理、商品管理、财务管理、安全管理等。

新员工的培训主要是帮助新入职员工尽快熟悉公司基本制度及掌握上岗技能，主要内容有：公司介绍、服务标准、收银管理、仓务工作、清洁卫生、商品陈列、顾客服务的技巧与抱怨处理技巧、安全防范与紧急事件处理等

教育训练注意要点：

（1）员工教育训练对象依员工资历区别对待，如新员工、资深员工（店副）等，这样可以做到有的放矢。

（2）培训要遵循“由浅入深、由易到难”的规则，循序渐进。

（3）培训须具备培训目标、培训大纲、培训教材、考试、培训效果评估等步骤，不可缺失。

■ 人力资源绩效考核

曾经有这样的一个实验：在寒冷的冬天，科学家把三只猴子关在一个大笼子里，在笼子里设置了一个装置，上面挂了一串香蕉，香蕉连着一个水管开关，只要一动香蕉，水就喷洒下来。开始，猴子们不知道，看到香蕉欣喜若狂，争抢香蕉，结果把三只猴子淋个湿透，冻得瑟瑟发抖。

科学家往笼子里放进了一只新猴子，新猴子一看香蕉，便本能蹿上去摘它，但它还没够到香蕉，先前的三只猴子便上前把它打得鼻青脸肿的，新猴子莫名其妙被痛殴一顿，郁闷极了，百思不得其解。

第三天，科学家又向笼子里放进了一只新猴子，新猴子和第二天的那只猴子一样想去摘香蕉，结果前面四只猴子扑上去把新猴子劈头盖脸地揍了一顿。令人不可思议的是，出手最狠的居然是那只第二天进来的猴子！

原因是第二天的那只猴子“被考核”了。管理学理论是“你考核他什么，他就表现什么”，前三只猴子因为摘香蕉被淋湿冻个半死，第二天的这只猴子因为摘香蕉被打个半死，都吃了大亏，所以，在它们眼里，摘香蕉会带来很不愉快的坏结果，摘香蕉是不可以的，甚至无法容忍的。

没有考核的管理是不可想象的，同样，与奖惩不挂钩的考核是没有意义的。

绩效考核是指在既定的经营目标下，运用特定的标准和指标，对员工过去的工作行为及取得的工作业绩进行评估，并运用评估的结果对员工将来的工作行为和工作业绩产生正面引导的过程和方法。

“千斤重担大家挑，人人头上有指标。”为了完成经营目标，你需要把目标分阶段落实到每一位员工身上，也就是说每个人都有任务。绩效考核就是对员工完成目标情况的一个跟踪、记录、考评。

绩效考核包括两大部分，即业绩考核和行为考核，行为考核是关注过程，业绩考核是关注结果，过程决定结果，因此过程中的行为与最终结果都要加以考核。

绩效考核给你的管理带来哪些好处呢？

（1）绩效考核具有激励功能，它可以让你的员工知道努力的方向是什么。

（2）绩效考核是薪酬管理的重要工具，给谁发多少工资不是凭感觉，而是根据绩效考核而定。

（3）绩效考核的结果是员工调迁、升降、淘汰的重要依据标准，是相对公平的手段。

（4）绩效考核有利于员工的培训和发展，公平公开合理的考核方案可以避免管理中人为的不利因素。

（5）绩效考核有明确的方向和目标，便于上下级之间的沟通，促进组织内部之间的了解，有利于组织的高效运作。

与绩效相挂钩的，就是薪酬。

薪酬是员工付出劳动、为企业创造价值而获得的应有报酬，科学、合理、公正的薪酬设计可以有效吸引人才为企业服务。

人力资源薪酬设计与管理应遵循以下几个原则：有利于调动员工的积极性；使个人目标与组织目标相吻合；吸引和留住人才。

薪酬一般由两个部分组成，一是基本薪资，也就是每个月固定能拿到的工资。基本薪资的设定应该在高出行业平均水平 10% 以上，否则你想招到优秀员工是一件很辛苦的事情，将就着招一些素质不理想的员工入职，你将更加辛苦。

福利是员工的间接报酬。一般包括健康保险、带薪假期、过节礼物或退休金等形式。福利的意义很重要，能起到增强员工凝聚力、保持员工稳定性的重要作用。注意，福利适用于团队中的所有员工，最好一致，不搞级别特殊化，体现公司对员工的关怀。

■ 基本人事管理

1. 组织结构

组织结构是指一群人在一起做事，对工作任务如何进行分工、分组和协调合作，这和做饭请客一模一样，谁买菜、谁择洗、谁负责做、谁负责摆桌子，谁负责接待客人泡茶倒水，各司其职，才能把事情办得有条不紊，圆满妥当。

组织结构的设计以门店事务流程和节点为核心，做到既不重复，又不出现盲区。因为重复会导致人力的浪费，盲区会导致重要的事情没有人去做。

2. 出勤管理

门店如战争前线，必须有严格的出勤管理制度保障人力的到位。

考勤制度中通常要考虑的因素：迟到早退的处理；调班处理；病事假处理；加班处理；法定节假日处理；婚丧处理；辞职处理。

3. 交接班管理

交接班管理是将门店运营事务区隔化，做到期间事务清晰，有账可查，有责可究。

接交班管理要点有：收银员交接班时做到账银两清、钥匙等作业工具交出；店长每日应填写店长日志，记载绩效、人员异动状况、每日营业状况等。

4. 排班管理

根据业务高峰低谷特点来安排合适的人力是一件重要的事情，合理的排班可以提升劳动效率。肯德基采用了开放式的用工模式，即雇用大量的小时工，排班作业是餐厅经理的一大挑战。

排班管理要点：

（1）决定合适的人手数目，考虑因素包括店铺面积的大小及营业额，店铺越大，人手当然越多，销售较好，人员要适当多一些。

（2）编班时要注意人手分配，根据同事的性格，做事的风格、心态、新旧同事、公众假期等合理进行安排。

（3）需与生意的繁忙程度配合，必要时可安排加班或特别班次，新老员工分布平均，员工班次要平均，不要特别优惠，星期一至星期四安排员工休息，周末不安排。

（4）每位营业员每月休假日由店长根据门店营业情况调配。

门店人力配置应随门店来客数的多少及峰值作相应变化。一般来说，排班方式可采取两班制形式，两班制是指将门店人力切为两个时间段。门店营业时间为9：00～22：30为例，早班是从9：30～16：30，晚班则是15：30～22：30。

两班制早晚正常轮班，对营业员来说，生活作息较为正常，营业员有时间与亲友相处，不致和其原有生活脱节。另外，营业员上班时间适中，体力负荷适中，营业员能有较多时间自行支配。缺陷是所需人力较多，人力成本高、管理负担相对较重。

5. 劳效提升

除了排班制度牵制人力外，门店还会出现经常性的人力资源漏洞，需要店长加以防范，具体经验有：

（1）今日事今日毕。员工经常以忙为借口，拖延各项命令的推行，因此，店长应彻底、有效地规划每日、每月作业时间表，并切实执行及追踪。因此，规划作业时间表应是防止“今日事明日做”的妙方。

（2）候客时间的利用。店长可以根据来客时间的曲线表，利用来客较少的时间从事各项政令宣传、教育和部分清洁的事情，而不是放任门店营业员闲聊，影响作业效率，增加运营成本。

（3）避免轮休不当。由于休假、轮班安排不当影响作业，造成不必要的加班。门店的事情相当繁琐，一旦人力调度不慎就会造成不必要的加班，从而增加成本。因此店长应避免不当休假安排，影响作业，增加不必要加班浪费人事费用。

（4）控制加班。非必要不可加班，加班必须由店长批准。对于加班的事项，店长或领班一定要追踪其绩效，以控制绩效及产值。

（5）降低无形旷职。无形旷职是指员工“身在门店心在外”的怠工现象，无心工作的营业员不是造成工作拖延，就是绩效不彰，影响效率与业绩。

（6）创造良好团队气氛。运用激励制度提高效率、效能，在全员一心的前提下，消除人员、部门之间互相抵制的恶习，增强人力的发挥。

6. 保持团队的稳定

降低人力资源成本的最好办法是保持团队的稳定，培训新人的成本是巨大的。首先你要知道影响员工工作效率的因素有哪些，一句话，你要知道你的员工做得开不开心。

你需要注意以下问题：

（1）员工的性格、特质、专业与其所从事的岗位相适配吗？

（2）与同行业相比，员工满意公司的薪资与福利吗？

（3）公司的发展速度与规模可以给员工提供足够升迁空间吗？

（4）员工在你这里能学到东西吗？

（5）员工对他所创造的价值有成就感吗？

（6）员工是否因目标任务太重而长期超负荷工作？

（7）员工是否因目标任务不明确或者没有挑战性而无所事事？

（8）员工是否有上级或同事的原因造成他的负面情绪？

（9）员工的社会关系（家庭、男女朋友）的工作地产生了变化吗？

（10）员工虽然努力了，但很久没有在岗位和职位上变动了，以至于对公司失去了兴趣吗？

（11）有竞争对手在挖角吗？

以下事情是你要经常做的：

（1）定期举办优秀员工评优，奖励方法有金钱、奖状、使用品、纪念品等。

（2）给员工提供充足有效的培训机会，有计划地安排教育训练，以满足员工提高知识与技术的欲望。

（3）制定合理的升迁制度与计划，及时跟进员工的升迁评估与实施工作。

（4）定期倾听员工的抱怨与诉愿，并加以辅导，公开邮箱或你的即时通信工具是一个好办法，让员工可以有沟通的渠道。

（5）告诉你的员工你需要他，让他知道他做的事情对团队很有价值。

（6）让员工满足达成工作目标的愿望。

（7）让员工满足发挥主观能动性和实现自我价值的愿望。培养员工工作的骄傲。定期选拔优秀模范员工，给予员工任务目标，加上鉴定与肯定其的技术与能力，让她在工作中肯定自己。

（8）完善工作状况评估系统，让员工清楚知道公司的状况，知道自己的工作效率与明白公司的目标。

7. 员工仪容、仪表、仪态规范

（1）仪容准则：营业员必须仪容整洁，妆容淡雅。

①头发。经常清洗，保持清洁；不可染夸张颜色；不梳夸张发型；女性店员长发须扎起；男性店员不允许留长发。

②双手。保持干净；不留污渍油渍；不允许留长指甲，指甲不要超过指尖一点五毫米；不允许涂有色指甲油。

③胡子。不能留胡子。

④口腔。保持清洁；上班前不能喝酒或吃有异味食品。

⑤化妆。女营业员化淡妆；使用淡雅的口红；喷公司规定的统一香水。

⑥饰品。可戴颗粒状耳环；可戴一只非镶嵌戒指；不允许戴手链，夸张项链；不允许戴脚链。

（2）仪表准则：营业员必须仪表端庄、整洁。

①穿着指定、合体工衣。

②工号牌佩戴在左胸前。

③工衣整洁，不得有皱纹和污秽。

④鞋子为运动鞋、休闲鞋。

⑤鞋袜应保持清洁，无破损。

（3）仪态准则：营业员必须仪态自然、大方、得体。

①站姿。身体重心在两脚中间；腰背挺直；颈脖伸直；头微向下；两臂自然垂下；双手置于身体两侧。

②沟通。面带微笑；两眼平视顾客，使其产生信任感和获得信心；身体略向前倾，表示对顾客尊重；语音语调柔顺。

③方向引导。面带微笑；微微鞠躬；单臂伸直，手心向上，指示方向。

④尊重隐私。引导顾客进入试衣间，先轻敲门，确定无人后再进；进入休息间时，应先轻敲门，听到应答再进，进入后，回手关门，开关门动作轻柔。

⑤递交物品。面带微笑；双手捧住物品递送到对方手里。

⑥卖场观察。始终保持对所负责的区域卖场观察；视线与顾客接触的时候，面带微笑。

⑦顾客距离。和顾客保持一定距离；顾客需要的时候小步跑动，迅速接近并为顾客服务。

⑧遇客让行。通道上遇顾客时，侧身，微笑着让顾客优先通过。

⑨接听电话。电话铃响不超过三声；问候对方，并自报公司（“你好，××品牌××店）；留心听讲，并记下要点；未听清时，及时告诉对方，请对方重复；结束时礼貌道别，待对方切断电话自己再放话筒；通话简明扼要；自己不能处理时，可坦白告诉对方，马上将电话交给能够处理的人；在转交前，应先把对方所谈内容简明扼要告诉接收人；电话由店长或代班接听，如不在由收银员代接。

第三章 忠实顾客的培养

“第一条：顾客永远是对的；第二条：如果有疑问，请参照第一条执行。”这是沃尔玛墙上贴的标语。

“顾客至上”、“顾客是我们的衣食父母”之类的口号我们听得都太多了，用它来说明顾客的意义却是丝毫不过分的，是啊，没有顾客，我们吃什么？

■ 为什么要培养忠实顾客

前面我们提到过的世界上最伟大的汽车推销员乔·吉拉德认为，在每位顾客的背后，都大约站着250个人，这是与他关系比较亲近的人：同事、邻居、亲戚、朋友。如果任何一个顾客对推销员的态度感到不满意，这个顾客会告诉这250人中的很多人：不要跟这位推销员做生意！

因此，在乔的推销生涯中，一直秉承客户至上的态度，时刻控制着自己的情绪，不因顾客的刁难，或是不喜欢对方，或是自己心绪不佳等原因而怠慢顾客。乔说过：在我的一生中遇到各种事情，我被顾客驱赶过；被顾客挂过电话；甚至被顾客脸上啐过口水，我只有一件事没有遇到过，那就是污辱！在吉拉德的人生辞典里，压根就没有“污辱”这两个字。

在任何情况下，都不要得罪任何一位顾客！吉拉德说：“你只要赶走一位顾客，就等于赶走了潜在的250个顾客。”

这就是乔·吉拉德的250定律。

以下是一组研究机构的权威调查数据：

内部顾客满意率85%，外部顾客满意率95%。

员工满意度提高5%，提升1.3%的顾客满意度，同时也提高0.5%的企业业绩。

吸引新顾客的代价是保留一位老顾客的5倍以上。

忠诚顾客每增加5%，所产生的利润增幅可达25%～85%。

■ 培养忠实顾客，从员工开始

作为品牌连锁企业，要设计好把员工放在“对的位置”上的系统，把员工放在对的位置就是用人所长，有些人性格开朗、阳光、热情，有些人内向孤僻或脾气火暴，把具有阳光性格的员工放在零售服务终端，稍加培训，便可获得事半功倍的效果。

笔者有一个必须反复强调的观点：员工的错误80%来自于一个错误的服务系统。服务系统包括了服务流程、操作标准、培训、考核等一系列的服务规范。如果顾客受到不妥当的对待，无论是服务，还是商品，只要他产生不信任、不满意，他很可能就不会再次给予你机会。因此，门店必须设计好让员工第一次就能正确服务顾客的系统，设计好让员工如何听、如何说对话、如何做对事的系统。

1. 学会“听”

想要收获更多吗？最好的办法就是少说多听。

有个知名主持人林克莱特，他采访一名小朋友，问他长大后想要做什么，小朋友说他要做飞行员。于是林克莱特问小朋友一个假设的问题：“如果你的飞机在太平洋上空所有发动机都熄火了，你会怎么办？”

小朋友想了想说："我让我的乘客绑好安全带，然后我就跳伞逃生。"

这个回答笑倒了现场一片观众，同时，很多人想这个孩子人小鬼大，聪明而又自私。但林克莱特继续注视着这孩子，耐心地等待着他下面会说什么。谁也没想到，这个孩子哭了，林克莱特继续问他说："为什么要这么做?"

"我要去拿燃料，我还要回来!"孩子含着眼泪说道。

林克莱特的倾听，发现了一颗悲悯的童心。美国汽车推销员乔伊·吉拉德也是通过倾听，成就了"世界上最好推销员"的事业。

在他15年的销售生涯里，平均一天卖出6辆汽车。但一开始，他却经历了许多的不如意。吉拉德刚入行的时候，接待了一名顾客，顾客走后就一直没有给他确认购买的电话。吉拉德百思不得其解，我服务周到，态度友好，我错在哪里呢?到了半夜，他实在憋不住了，拨通了那个顾客的电话，小心翼翼地问顾客是什么原因没买他的车。顾客说：想知道为什么，对吗?好吧，我告诉你，今天下午在现场的时候，我告诉你我儿子考上名牌大学医学院的事情，我为我的儿子感到骄傲，我要把我的心情与你分享，可你是怎么做的呢?你心不在焉和你的同事在聊天，我很郁闷，我怎么能从一个对我儿子的事情毫无兴趣的家伙手上买一辆车呢，你知道吗?这辆车恰恰是我送给我儿子的!

这是让吉拉德记一辈子的教训，吉拉德从此改进，用倾听和微笑征服了无数顾客的心，当然，也包括了那个怨气冲天向他表达不满的顾客，若干年后，他儿子从医学院毕业，那个顾客父亲就从吉拉德手上买了一辆车，作为毕业礼物送给儿子。

这就是"听的艺术"。记住，听话不要听一半；不要轻易下结论；学会聆听，用心听，虚心听。对我们的顾客来说，倾听让他们觉得你对他们感兴趣，你在乎他们!当你真正学会倾听的时候，你会发现一个又一个精彩的世界。

2. 学会“说”

扬人之善、赞美别人是一种美德。有赞美别人的心，还要具备一定的赞美技巧，否则即使你是真心实意的，也不一定会取得好的效果。所以，除了会听，还要学会“说”。

人有高矮胖瘦，五官、身材、肤色、衣着、语言、年龄、职业、气质、知识、审美、气量都有很大差别，各不相同。赞美别人要根据不同的对象、当时的语境，找到最佳切入点。在服装专卖店、美容美发店，要从顾客的外形、肤色、气质角度切入；在家电卖场，要从顾客的追求生活品质以及对生活品味的理解切入；在超市菜场，要从顾客的勤俭持家和精打细算切入。一个女顾客带着她的女儿来到你的卖场，最佳切入点在哪里？如果你这样说：这个小女孩和长得真像她妈妈，好漂亮哦！恭喜你，最佳切入点找对了！你与顾客沟通的渠道就畅通了。

还有，千万不要把别人当傻子，顾客完全能分得出哪些是言不由衷的赞美，哪些是发自真心的赞美。真心赞美首先是基于事实，就是说，你要赞美的，一定是真实的！

找到最佳切入点后，你要做的就是放大顾客的优点。你面前的顾客显然不能用漂亮和年轻来形容，那么你应该从该顾客的气质、语言、气度、事业的成功等领域寻找切入点，一旦找到就尽量用简洁、真诚的语言来放大顾客的优点，而且是点到为止。顾客一定要感受到你的善意和聪明，一定会高兴地接受。

真诚的赞美不但会使被赞美者产生心理上的愉悦，还可以使你经常发现别人的优点，从而使自己对人生持有乐观、欣赏的态度。

3. 学会“做”

“说”是重要的，“做”更重要！整个服务过程中，贯穿了各种细节，你的任务是要创造美好的服务传递过程，把这些挑剔的顾客的“心”搞定，从而给予顾客完美的体验。

美容院里这样的场景经常发生：做SPA的顾客冲完澡后，有时候会什么也不穿地躺在美容床上。刚来的年轻美容师推开门看到这一幕，顿觉尴尬与不快，她把脸扭到一边，对顾客生硬地说：“请你把衣服穿好!”这样一句话会彻底把顾客的心情弄糟。那么，美容师的正确做法是什么呢？她应该微笑着一边对顾客说：“空调开着，房间有点凉哦，盖上毛巾好吗?”一边帮顾客盖上毛巾。当然，如果能适时赞美一下顾客的身材或者肤色，效果就完全不一样了。

一心一意从顾客的角度出发，用心体贴地提供个性化服务，你就做对了!

（1）给顾客“量体温”。

培养忠诚顾客时，你首先要了解你的顾客，要全面准确地了解顾客的需求。松下电器享誉全世界是因为这家公司非常重视顾客的需求，随时把握顾客的想法，正如松下电器创始人、经营之神松下幸之助说的：“我们每天都要测量顾客的体温。”

你要了解你的顾客什么呢？一是顾客背景的年龄、性别、职业、爱好等背景情况，二是顾客对产品的需求，包括性能、种类、质量、包装、价格等；三是顾客对服务的需求，包括商业空间、销售方式、员工服务态度、售后服务等方面的需求；四是顾客对你所服务的品牌的看法和评价；顾客对于组织的整体形象的了解和评价，等等。一个好的公司，会重视顾客在这四个方面的需求，不断调整、提升产品与服务，持续满足顾客的需求。

（2）坏产品没有好顾客。

良好的顾客关系源自“保证向顾客提供他们想要的、优质的产品”。

顾客为什么要光临你的门店？服装专卖店满足顾客对时尚的追求，美容院满足顾客对漂亮年轻的追求，餐馆则满足顾客对美味的追求，因为你的门店总是能提供他们想要的、优质的商品或服务。如果你提供的产品并不能令人满意，那会是一种什么样的结果呢？

比如说你从广州坐长途大巴到深圳，但大巴一出站就坏了，司机的态度很好，不停地向你鞠躬说抱歉，一车的乘客原谅了司机，过了半小时大巴终于发动了，上了高速公路，可是过了不久，大巴又坏了，于是司机又是道歉又是修车，忙得一头大汗，反正，这部车一路修修停停，花本来只需 2 个小时的车程，花了 6 个小时才到达目的地，遇到这样的情况，你对该大巴公司的服务满意吗？这样的事情你在生活中经常遇见吗？航空公司的不准点、通讯公司的网络信号问题、超市买到的过期食品、关在电梯里经历的惊恐，所有这些，你除了愤怒与无奈，你还会喜欢这些不能提供优质品质的产品或服务吗？你们之间还有保持“甜蜜”关系吗？

这就是顾客关系理论中的“大巴司机的微笑永远代替不了准点到达本身”原则，产品的质量在根本上决定组织和顾客的关系，产品品质是一切的前提，前提错了，后面一切皆错！

（3）坏服务毁了好产品。

良好的顾客关系来自“向顾客提供完善的服务”。

服务首先是从礼貌礼仪开始的，每一名员工在与顾客打交道时必须彬彬有礼，热情周到。顾客往往是员工的言谈举止来评价这个品牌形象的。

服务，我们每天听到或提及这两个字，服务是什么？一杯咖啡成本很低，在星巴克，却价值几十元钱，为什么？因为星巴克为顾客提供了小资喜欢的气氛！

回顾一下人类社会经历的几个经济阶段，有助于我们弄清楚服务的本质。

最早是农业经济阶段，简单说就是自己种，自己做着吃，多出来的就拿集市去卖掉一些，产量有限，靠天吃饭。

接下来是工业经济，在工业经济时代里，我们不再种地。工业化使得产品可以大量生产，这个阶段很了不起，工业化的大量生产使得我们可以便宜的购买我们想要的产品。但是问题也随之而来，东西多了就便宜，因为是一样的东西，很容易相互比较，顾客肯定是愿意买更便宜的产品。于是激烈的竞争迫使得商家之间大打价格战，结果是大家无利可图，让商家大伤脑筋。

再就是服务经济了，在服务经济时代，我们自己甚至不做饭了，去餐馆吃。为什么有服务经济呢？产品是可比的、可以大量生产的，那我就在不可比的、不容易复制的领域下工夫，这就产生了服务经济。微笑、体贴、无微不至，让顾客满意，服务是无形的，甚至无法比价，在这个阶段，服务开始大行其道。

第四个阶段是体验经济，体验经济是服务经济的延伸，过生日到餐馆大吃大喝已经过时了，顾客可以请专门的机构策划一个在沙漠、大海、高山、森林或任何你可以想得到的地方的生日派对，让你这个生日过得终生难忘。你可以仔细想一想，现在各行各业都在试图打造体验经济，从工业到农业、计算机业、因特网、旅游业、商业、服务业、餐饮业、娱乐业等各行业都在上演着体验或体验经济，尤其是娱乐业，已成为现在世界上成长最快的经济领域。

你可能会问，我，一个店长，如何搭上体验经济这列快车呢？记住，所谓体验，就是把你的门店想像成一个舞台，那些商品就是道具，消费者是中心，是观众，你和你的员工就是最好的演员，你的整个服务过程就是一场激情演出，创造出让消费者参与，并值得消费者回忆的活动。卖面包咖啡的，要卖香味诱发的小资情调，卖服装的，要卖明星的时尚和范儿，卖化妆品的，要卖对青春的幻想与憧憬。不要卖牛排，要卖煎牛排嗞嗞的声音，连营销大师奥格威都这样告诉我们！

去吃过海底捞吗？你一走近海底捞，发现排队的人已经一直排到门口，你就得等座，这多无聊啊，不要紧，你可以修指甲，喝茶品小吃，这些都是免费的哦。有座了，那就开吃吧，如果你点个面条，拉面师傅像过去的杂耍一样，当着你的面把一团面拉成头发般细长的丝；要加水，伙计拿着长嘴茶壶离你几米远把滚水斟到你的碗里。这里有很多免费的小吃和饮料，让你觉得占了便宜而心中窃喜。不要担心火锅把衣服弄脏了，服务员会提供专门的火锅服装给你挡在胸前；汤水沸溅？不怕，有免费的手机套保护你的手机；上个厕所，服务员给你捏背递手巾。在这里，你比在五星级酒店更能享受尊贵的感觉。

到这里，我们就不难明白海底捞为什么成功了，海底捞用一举一动打造了它的服务核心竞争力，全部暗合了体验经济的特征，给在每位光临的顾客制造了愉快的心灵体验。

商品是有形的，服务是无形的，你和你的团队创造出的体验是令顾客难忘的。

（4）客户满意度。

良好的顾客关系来自“优良的售后服务”。

产品卖出去就万事大吉了吗？经营顾客关系如同婚姻关系一样，婚前对她好并不难，难的是婚姻中的满意。

吉拉德，我们之前提到过的那位汽车推销员，他的成功公式是：微笑+售前发名片+售后发贺卡。吉拉德很有耐性，不放弃任何一个机会。或许客户五年后才需要买车，或许客户两年后才需要送车给大学毕业的小孩当礼物，不管等多久，乔吉拉德会打电话问候他的客户，一年十二个月更是不间断地寄出不同花样设计、上面永远印有“I like you”的卡片给所有客户，最高纪录曾每月寄出一万六千封卡片。

他认为销售真正始于售后。他的顾客还没有走出店门，“感谢光临”的卡名就递到了顾客手中。车卖出去了，但这并没有结束，他“多管闲事”代表顾客与服务修理部门打交道，逢年过节寄上各式精美的贺卡。正是通过这种优良的售后服务，吉拉德的顾客不仅自己买车，甚至介绍亲朋好友到吉拉德那里去买车，客户群不断扩大。经营十几年来始终保持了稳定的发展。

■ 平息顾客的愤怒

良好的顾客关系来自“妥善处理顾客的投诉”。

不要怕顾客投诉，顾客投诉说明他还在乎你，顾客是我们最好的老师！一个优秀的企业一定是从善于总结经验的组织！

再好的产品或服务也有让顾客不满意的时候，往往为一件小事，顾客当众发飙或事后到门店大吵大闹。也往往是因为店员不恰当的处理方式，导致事件升级、蔓延。

当遇到顾客投诉的时候，不要害怕，更不要有逆反心理，这时候，了解顾客心理是一件很重要的事情。要知道，绝大多数顾客在大部分时候只是想发泄心中的不满与怒火，开始的时候，他们并不知道自己想要什么（比如说具体的赔偿什么的）。

那么，如何妥善处理顾客投诉呢？请记住如下方式方法：

首先，培养你的“同理心”，面对顾客，你要能设身处地地体会他的情绪和想法、理解他的立场和感受，并站在他的角度思考和处理问题。

接下来，态度诚恳耐心听，面对站在你跟前的愤怒咆哮的顾客，你真诚地凝视着他，倾听他的投诉，微微点头，如果有纸有笔就更好了，这表示你在认真听，你会认真处理他的诉愿，更表示你很理解他的处境。

然后，给予明确的时间承诺，做到迅速及时，如果在你授权范围内，那么你当场解决顾客的投诉（退换货之类的解决方案）；如果超出你授权范围，你要明确告诉你的处理步骤与时间，让顾客觉得你以及你所代表的品牌是有信用的。

最后，不管事件处理结果如何，你要衷心感谢顾客的投诉，并为此事给他带来的麻烦和不愉快的心情表示道歉。

处理顾客投诉，务必要站在维护顾客利益的角度，这是原则。

那么，处理好顾客投诉能带来什么样的好处呢？一是能增加顾客对门店的信赖度。正确处理顾客的投诉，一方面可以表现出公司良好的经营理念；另一方面，将建立顾客对企业品牌的信任度。二是能反应出门店经营管理方面的不足。顾客投诉可以显示出公司在产品、服务等经营管理上的不足，通过改进，可以大大提高公司的竞争力。

在顾客投诉处理方面，我们要注意以下几个要点。

（1）以十二万分的诚意与态度倾听顾客抱怨。

（2）切忌推诿扯皮，将顾客的问题像踢皮球似的交给其他同事。

（3）不要急于解释，听意见，做纪录，判断出顾客到底需要什么。

（4）尽量迅速解决。

（5）投诉处理要有记录，因为记录涉及到后期责任寻查、制度补救等改善。

（6）定期分析顾客投诉，分门别类，以改进产品质量及服务流程。

处理投诉分为三个阶段。

1. “听”

（1）顾客诉述事件的过程时，身体前倾，目光注视着顾客，面带同情的神色。

（2）仔细倾听顾客的抱怨，并不时点头表示你对他的处境的同情和理解。

（3）切忌在顾客倾述时随时打断其说话，或予以反驳，这将引起顾客的不愉快。

2. “说”

（1）听完顾客的抱怨之后，向顾客道歉，表示理解他的心情。

（2）婉转地向顾客说明原因，针对事件的原因加以探讨、判断。以取得顾客的了解与谅解。

3. “做”

（1）通过询问判断顾客的要求，结合公司的相关政策，给予解决方案。

（2）顾客接受后，再次因为给顾客带来不便对顾客表示歉意，希望顾客继续关照并支持自己的企业。

如遇到顾客在店内情绪失控，大吵大闹的状况，建议用以下方法处理：

（1）请求更高职位的上级接手处理，因为更高级职位的处理可以使顾客的心理和面子得到满足。

（2）及时变换处理场所，由于顾客情绪激动，语言激烈，这样势必影响卖场的气氛及品牌形象，店长应择机婉言相劝，邀请顾客到办公室或其他非营业场所解决问题。

顾客投诉后，内部处理呢？我们又应该做哪些呢？第一，调查发生抱怨事件发生的原因（产品质量、服务等），详细探讨，了解其原因所在。第二，提出改进措施，要求公司有关部门加强产品控制、改善服务流程，强化服务技巧培训等。第三，填写顾客投诉处理报告表（见表3－1），对顾客投诉进行总结，整个事件应在公司相关范围内通报，这就是“亡羊补牢，犹未晚矣”。

表3－1　顾客投诉处理报告表

报告门店　　　　报告人 报告日期　　年　月　日					
抱怨受理日	年　月　日上午、下午　时　分				
抱怨受理方式	1. 信　2. Fax　3. 电子邮件　4. 电话　5. 来访　6. 当场				
姓名		性别		年龄	
住址				联系方式	
抱怨内容	内容分类　　品质　服务　其他				
	具体内容				
抱怨见证人					
处置紧急度　1. 紧急　2. 急　3. 普通					
承办人					
处理日					
处理办法					
费用					
原因调查会议					
原因调查人员					
原因　1. 严重原因　2. 偶发原因　3. 疏忽大意　4. 不可抗拒原因					
改进建议					

以下几幅顾客服务投诉流程图（见图3－5、图3－6、图3－7），为我们明确标出了不同投诉相对应的解决流程。

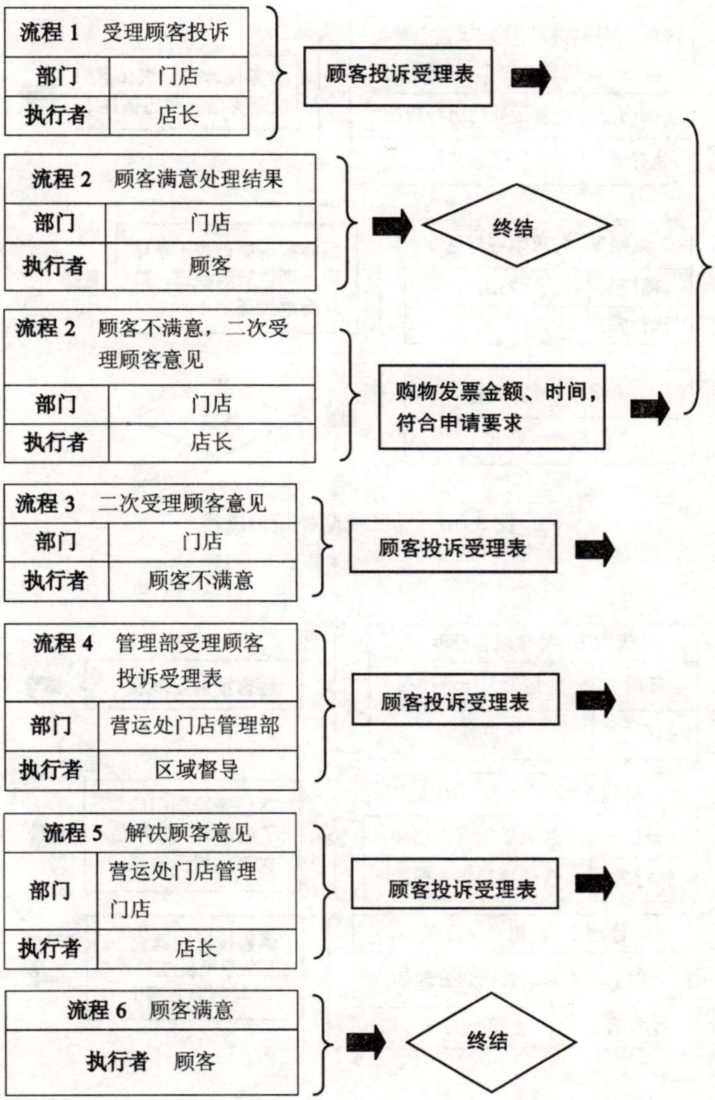

图3－5 店长权限范围内投诉流程

流程1　受理顾客投诉	
部门	门店
执行者	店长

→ 顾客投诉受理表 ➡

流程2　顾客投诉受理表发至营运处门店管理部	
部门	营运处门店管理部
执行者	区域督导

→ 顾客投诉受理表（区域督导填写意见备注） ➡

流程3　解决顾客意见	
部门	门店
执行者	店长

→ 顾客投诉受理表（在结束日期，处理经过，处理结果上签字） ➡

流程4　顾客满意
执行者　顾客

➡ 终结

图3－6　店长权限外投诉流程

流程1　受理顾客投诉	
部门	营运处门店管理部
执行者	区域督导

→ 顾客投诉受理表 ➡

流程2　门店对投诉确认	
部门	营运处门店管理部
执行者	营运处门店管理部

→ 区域督导向门店了解情况，门店检讨产生投诉的原因 ➡

流程3　提出解决方案	
部门	营运处门店管理部
执行者	区域督导

→ 顾客投诉受理表（在意见备注栏填写解决方案） ➡

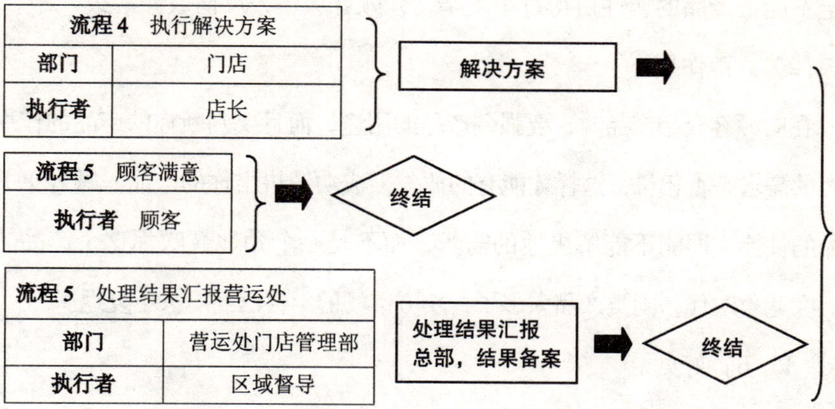

图3-7 公司投诉流程

■顾客服务管理

1. 了解顾客心理

顾客的性格、教育背景、身份、年龄、职业、爱好、习惯、态度、表情是因人而异的。但是，作为顾客消费心理是共同的，掌握顾客的不同心理状态，因势利导者才能获得成功。

2. 销售说服技巧

谈到销售就要讲到FAB（Feature、Advantage、Benefit）法则，FAB是指属性、作用、好处的法则，从特征、特点到产品的优势，逐步介绍，这就是FAB销售方式。

（1）F：属性。

属性就是产品的真实情况，是客观的，不夸张的，你的诚实会赢得顾客的好感和信任。千万不要把顾客当傻子，也不要随便把你的产品与竞争对手相比较，贬低他人，吹嘘自己，这只会适得其反，引起顾客的反感。还有，一定不能把产品的属性讲得过于复杂，让顾客厌烦，反而放弃购买。

（2）A：作用。

在向顾客介绍产品时，要强调产品的用途，而且要判断你的产品的作用与顾客的需求是否相符，这样才能有的放矢，成功销售出你的产品。顾客更关心产品的性能，即能不能解决他的需求，而不是一个劲地鼓吹你这个产品的优点。在竞争时代，同类产品太多了，卖方市场的年代已经一去不复返了。

（3）B：好处。

好处就是产品能够给顾客带来的利益。我们生活在一个物质无比丰富的时代，我们什么都不缺，我们购买商品的目的是在已经有的基础上不断改善，追求更健康、更生态、更便利、更时尚、更能满足精神需求的商品及服务。记住，了解你的顾客为什么需要购买产品，要在顾客的需求点上宣导你这个商品的好处。也就是客户需要产品解决什么问题，只有如此才能真正说到顾客心里面，给客户带来益处。

你可以尝试着用这样的一个公式来练习FAB销售法则：因为……（属性），所以……（作用），这意味着……（客户得到的益处）。

3. 判断顾客类型

顾客进门那一刻，你就要判断出他大概属于哪种类型。其实人的面部表情、走路姿态、穿着打扮、言行举止等，在一定程度上代表着他的个性、教育背景、职业、收入、爱好、消费习惯。

顾客的分类可以有多种，如以感性或理性、节俭或大方等，对不同类型的顾客要“因势利导”。对于感性顾客，要加以情绪煽动，对于理性顾客，要从商品实用角度来说服。

从消费的角度来说，顾客无非有两种：一种是知道他自己想要什么的，这种顾客往往有主见、自信、甚至自以为是；服务这一类顾客千万不要对他喋喋不休，说个不停，你要做的是保持热情礼貌，保持一定的身体距离，当他有需要的时候，你及时向他提供专业的服务就可以了。还有一种顾客不太清楚他自己想要什么，或者很难做出决定的那种，这样的顾客往往需要热情周到的商品介绍、鼓励试穿（试用）等体验行为，引导或促使他做出选择。

4. 满足顾客需求

准确判断顾客的类型后，你要知道顾客的兴趣点在哪里，你要观察顾客的眼光落在哪里，你要有技巧地与顾客对话，因为沟通主要是在对话中完成的。你要从顾客感兴趣的话题开始，在过程中迅速找到顾客的兴趣所在，从而了解到顾客的真正需求，这样，你更能准确地向顾客推荐他想要的商品。

我们以手机为案例，来分析一下顾客需求有哪些种类：

（1）追求实用的顾客。

追求实用的人会觉得二代机就很好，因为他只需要打个电话、发个短信什么的，对他来说，功能越简单越好。

（2）追求时尚的顾客。

在追求时尚的人眼中，没有最好，只有最新，智能机一出来，他们就会跟风买智能机，一有新款就换。

（3）追求美观的顾客。

追求美观的人会更注重手机的款式和外表，二代机是一定不行的，一定要智能机，大屏幕，外壳好看，气派。

（4）追求便宜的顾客。

中国的生产厂家是很懂得中国大部分消费者心理的，有四五千的，就有两千的，追求便宜的消费者只要见到价格低的，就不会去碰价格高的产品，哪怕功能上有差异。

(5) 追求名气的顾客。

追求名气的消费群以追求名牌为主要的消费倾向，其核心是崇拜、信任名牌，通过名牌彰显自身的价值。

(6) 追求大同的顾客。

追求大同是“从众”的表现，这样的消费者在思想意识上较为保守，他们不想过分前卫，也不愿太落后于潮流，他们会受相关消费群体的影响，以购买流行化商品为主要倾向，价格适中，品牌适中。

(7) 追求稳定的顾客。

也有一种消费者，他们以满足对某种商品的“习惯”消费为主要倾向，其核心是出于“习惯”或讲求“稳定”。他们不愿在繁多的品种中重新考虑和决定购买哪一种，或为了节省思考时间，或为了减低风险和麻烦，这一类消费者往往与名牌联系在一起，因为名牌的品质、功效、外观等因素都是不需要他去比较的。

5. 销售服务的两件利器

(1) 销售自己。

我们说过，产品是可以比较的，但服务是无形的，不可比的。给顾客美好的体验是现代零售服务业的重要任务。

一流的服务不是生搬硬套学出来的，更不是制度管出来的，一流的服务源自员工的内心深处。一看到顾客你就开开心心，这是因为你有欢喜心，你有欢喜心是因为你有感恩心，有感恩心的人会真诚地感谢所有成就他的人，会格外珍惜与每一个人的缘分，会体贴、善待他人。

所以，要从你自身、你员工的内心深处入手，时时审视、纠正我们的心态，要知道，服务顾客就是一个很好的修炼、或者叫作修行的过程，只有做到了这一点，员工的服务才是发自内心的，才能用心去服务顾客。而不是挂在脸上的、让人一看就知道是那种训练出来的职业式笑容。你的一举一动，顾客都能感受得到，顾客首先接受的是你，是你的服务，然后才是接受你的商品。

（2）专业制胜。

首先，专业来自形象。在零售服务业，顾客的第一印象是门店员工的礼貌、礼仪、着装、言谈举止中获得的，员工的行为规范要围绕着给顾客一种专业的形象来设计。

其次，专业来自业务水准。业务熟练是体现服务专业程度的核心，包括品牌文化、品牌特征、产品设计理念、商品原材料、性能、加工工艺、品质、外观设计、感官（眼、鼻、耳、口）效果、价格、使用知识、售后服务等，都要做到熟记于心，表达简明、扼要、清晰、流畅。

6. 接近顾客的时机

这个场景有点的像狩猎场，导购扮演了躲在树丛里瞄准的猎人，顾客是猎物的角色，他从进门开始，他的在心理上是”警惕”的、“抗拒的”、“反推销”的。一味的逼近只会把猎物赶跑。因此，你只需要热情向他致欢迎词，当然，你的眼睛一定要注视着顾客的眼睛，你的善意和欢喜是通过眼睛能达到顾客心灵的。给顾客营造一个自由走动、随便看看的氛围就可以了，接下来，成功的猎获只能靠耐心的等待和机会的到来。

当机会到来的时候，你可不能有半点犹豫和怠慢，接近他！接近顾客的机会分为如下几点：

（1）顾客放缓脚步，停留在某个区域的时候。

（2）顾客仔细观察商品及标签的时候。

（3）顾客用手去触摸商品，或把商品拿起比试的时候。

（4）顾客看上去在徘徊、茫然、寻找什么的时候。

（5）顾客看起来在找你求助的时候。

（6）顾客和陪同的亲友议论、商量某个商品的时候。

（7）顾客看上去漫不经心向你询问问题的时候。

7. 成功推荐商品

（1）关注顾客的兴趣和需求点，以解决顾客之需求为销售核心。

（2）正确应用FAB法则，属性、用途、好处三位一体。

（3）推介商品时的语言要简洁、专业、自信。

8. 销售促成的办法

所有的销售说服，就是为了让顾客产生购买行动。说服成交率能充分表明团队的销售服务能力。

（1）记住“少就是多”的原则，进入推介阶段，集中介绍某一种商品，尽量不要超过3种。

（2）注意观察顾客一直拿在手上的货品、一直询问的货品等，你要做的就是促使顾客下决心购买。适当询问一句“那选这个吧！”“我帮你包起来吧？”之类的用语，可以帮助顾客作购买的决定而完成交易。

9. 顾客服务规范

（1）顾客进门，你的眼睛要注视着顾客，面带微笑，用亲切阳光的语气向顾客致欢迎语。

（2）以恭敬、尊重、善待为原则，始终保持标准服务姿态，保持标准服务用语，标准应对技巧。

（3）在任何情况下都不得与顾客争吵，婉言向顾客解释，说明原委，取得顾客的理解。

（4）诚恳接受顾客的抱怨、投诉，虚心倾听，并加以改进。

（5）销售说服过程中实事求是，不可夸大宣传，也不可诋毁竞争对手，诚信待客。

（6）拾到顾客遗失财物应及时想方设法归还。

（7）始终保持耐心，与顾客沟通要眼睛注视着顾客，微微点头，面带微笑，语气温和亲切。

（8）用诚恳的、恰到好处的地语气赞美顾客，肯定其价值观、审美观、判断力、仪表仪容仪态、穿着品味等。

（9）与顾客保持适当礼貌而又亲切的身体距离。

（10）叫出顾客之姓名，给顾客带来备受重视的感觉。

（11）接近营业结束时进门的顾客，一定要保持礼貌，热情接待，不可产生赶走或不耐烦的举动。

（12）顾客永远比电话重要，接待顾客时不应接电话，正在接电话时如顾客进门，应先挂掉电话，接待完再处理。

10. 顾客服务禁忌

（1）不可在卖场化妆。

（2）保持标准仪容仪表仪态。

（3）避免使用方言与口头禅。

（4）服务语言通俗易懂，尽量减少专用术语。

（5）不可与顾客争辩，不可批评顾客之不是，不得对顾客大呼小叫。

（6）不可对顾客虚言妄行、任意承诺、举止轻浮随便等行为。

（7）不可在顾客面前批评抱怨公司政策、产品等。

（8）不可在顾客面前有同事间争吵、埋怨、批评、辱骂之举。

（9）不可在顾客面前无精打采、漠无表情。

（10）无论顾客是否有购买行为，均不可有轻视顾客语言、表情或举动。

（11）不可有不耐烦或任何给顾客造成驱赶之意的举动。

（12）不可有打量、偷窥、窃笑、指点顾客的行为。

（13）不可因私事而打扰在接待顾客中的同事。

（14）不得一面接待顾客，一面和其他人聊天。

（15）无论顾客光临与否，都不可有吃零食、嬉戏、聊天、电话、短信、微信、QQ、看书、嚼口香糖、抽烟、串岗、接待亲友、听音乐等与工作无关的行为。

11. 顾客会员制管理

有一个做批发为主的服装品牌，在全国有1000多个专卖店，店均销售表现一般，也就100万的样子，可是这个品牌在西北一个经济不发达的城市有一家不太大的专卖店，从不打折，年销售却可以做到500万，是全国销售之冠。这是为什么呢？道理很简单，十年来，店主一直在发展会员。

一年消费一次的顾客和一年消费十次的顾客应该受到同等对待吗？显然不是的！但有多少经营者会守得住这份细致的工作呢？顾客关系管理中最重要的是服务人员善良的心思、细致的对待和耐心的守护。

“公平机制”在顾客关系管理中显得很重要。当然，任何顾客应该平等地享受优质服务接待，否则就是势利，但优质会员顾客享受更多的折扣优惠，享受更多的有吸引力的会员活动，这叫就公平。这就是为什么我们看到移动公司有积分，航空公司对常旅客（经营乘坐该航空公司航班的客人）有免费机票或升舱优惠，服装、餐饮、娱乐、百货、超市等行业对经常光临的顾客有更大幅度的折扣优惠（见图3-8至图3-11）。

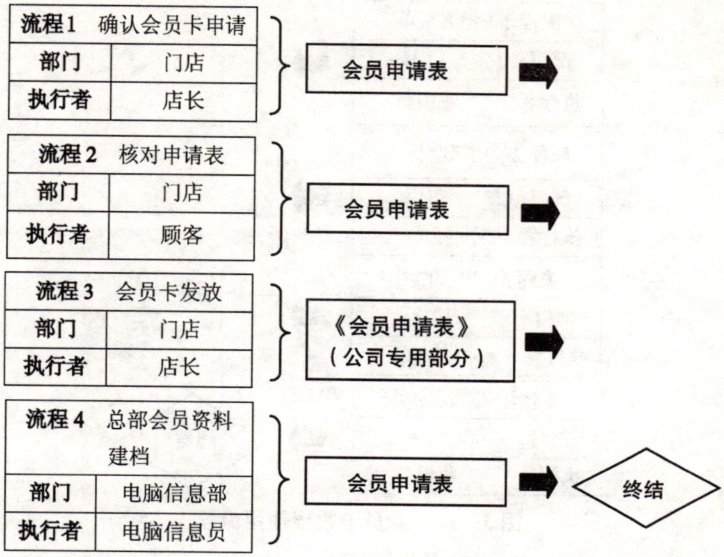

图3－8 会员申请流程

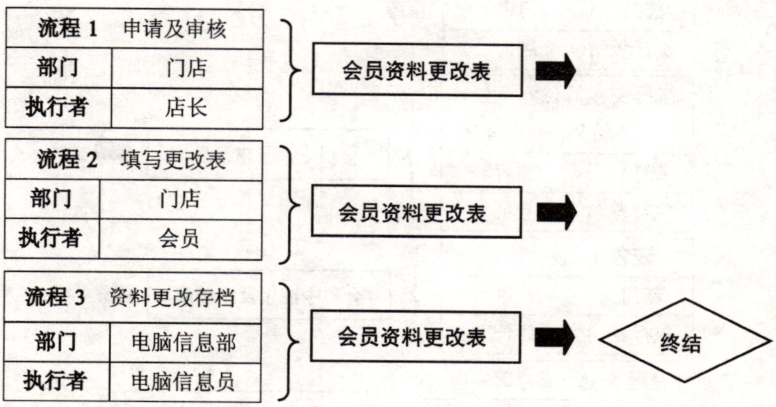

图3－9 会员资料更改流程

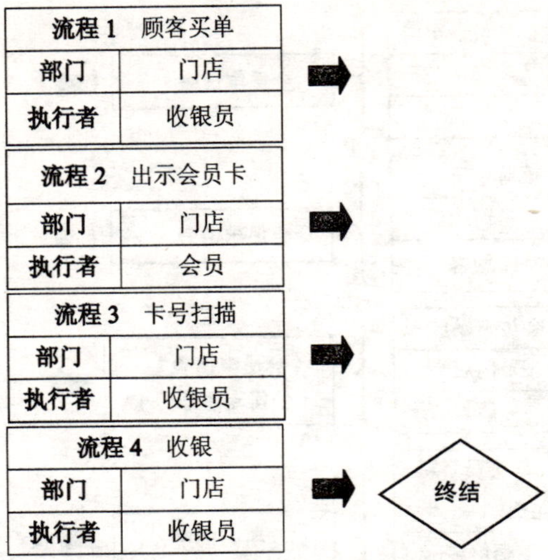

图 3－10 会员卡收银使用流程

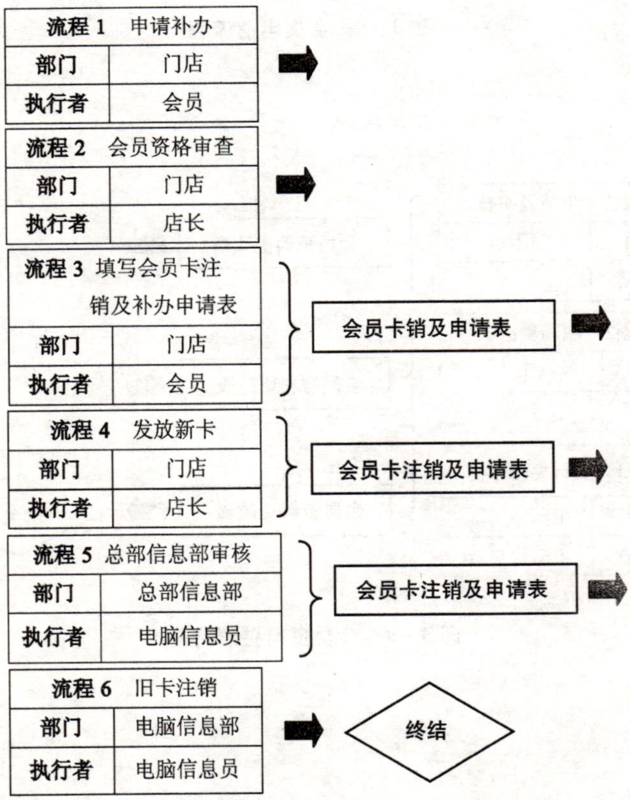

图 3－11 会员卡补办流程

作为个体的顾客，他的归属感、尊贵感得到了满足，他一定会以更积极的消费行为来回馈你对他的好！

下面我们以服装行业为例，介绍标准的情景式服务语言。

1. 三大注意

（1）顾客是衣食父母，顾客至上是销售活动中最重要的准则。

（2）微笑是世界上最便宜，也是最行之有效的沟通手段，无论在什么情况下，请我们的员工微笑着对顾客说话。

（3）一个“勤”字，给顾客带来尊重的满足；一个“快”字给门店带来效率。努力成为门店勤快的“蜜蜂团队”一员。

2. 八项准则

（1）心态。

态度真诚，语言必须发自内心。

满腔热情，对所有顾客一视同仁。

禁止怠慢顾客或者是歧视顾客的心态、语言及行为。

（2）工作语言。

普通话。

（3）语音语调。

吐字清晰，声音响亮，态度亲切。

（4）语言风格。

简洁亲切，信息准确。

（5）语言反应。

掌握随机应变的准则。

（6）语言准则。

“请”字当头、“您”为礼貌；“欢迎”挂嘴边、“对不起”表歉意、

“谢谢”表示感谢。

（7）语言禁忌。

禁止使用“不知道”、“卖完了”、“不行”、“没有了”等语言。

（8）目光注视。

和顾客说话时必须以亲切自然的目光直视顾客。

3. 基础语言

情境一：欢迎顾客光临。

动作：前场区域（当顾客跨上门前台阶时）各自区域（当顾客进入各自区域时）与顾客保持适当距离，留意顾客，随时准备服务，手自然的放于两侧。

表情：目光友善亲切、点头微笑。

语言：

①（普通顾客）“欢迎光临！××专卖！请随意看一下！”“您好！（早上好、中午好、下午好、晚上好）请随意看一下。”“节日（××）快乐！请随意看一下。”（遇重要节日）

②（老顾客）“好久不见了，您随意看看！”“您来得正好，我们刚到了一批新货，请您慢慢挑选！”

③（四处环顾的顾客）“您好，请问需要买什么？我可以为您推荐一下。”

要领：打招呼的同时开始观察顾客类型。

①随意闲逛型。

②比较购买型。

③品牌信任型。

情境二：卖点介绍、鼓励试穿。

动作：当顾客眼光在商品上逗留或用手触摸超过三秒钟时，立即上前，询问顾客需要什么帮助，注意保持适当距离。如果商品摆放在顾客触摸较费劲的地方时要先为其取下，双手交递给顾客。

表情：目光亲切自然，保持微笑。

语言：①“喜欢可以试穿一下，这款衣服跟您的气质很相配。”②“我拿一件给您试穿，请问您穿多大码的？”③“请问您想为谁挑选衣服啊？”（当顾客感兴趣的商品明显不是自己使用时）

要领：①从顾客的表情、举止中分辨出其类型，准备有针对性的服务。②留意顾客动向，但不可上下打量顾客，不可紧跟着顾客转。③尽量给顾客创造一个轻松随意的购物环境，使顾客无拘无束的观看，需要时能随时得到服务。④顾客不明确指出所要商品时，可根据顾客表达和自己的经验找出其可能感兴趣的商品。

情境三：顾客决定试衣。

动作：询问顾客需要的尺寸、颜色；迅速找出顾客所要的货品；解开衣服的纽扣或拉链将衣服双手递给顾客；指引试衣间。

表情：保持微笑、充满热情。

语言：①“请问您需要多大码？什么颜色的？”②“小姐（先生），试衣间这边请。”“请您先拿一件试穿，如还需要其他衣服的时候我再递给您。”（顾客提出多拿几件衣服去试穿时）

要领：顾客指明要看某商品后时应迅速准确找出该商品。

情境四：顾客准备试衣。

动作：①上前一步、迎向顾客；②推（拉）开试衣间门；③打开风扇（天热时）。

表情：目光友善亲切、保持微笑。

语言：①“您好，请里面试衣，墙上有挂钩，别忘了锁门，试好出来看看。”②“小姐，请注意您的口红。”（擦唇彩的顾客试穿套头衫）③“对不起，试衣间满了，请您稍等一下。”（试衣间已满时）

要领：做好细节是优质服务的关键。试衣间满时必须向顾客表示出真诚的歉意。

情境五：顾客走出试衣间观看试穿效果。

动作：①观察其是否将包带出；②指引顾客到其他区域的试衣镜（试衣区域繁忙时）；③为顾客整理衣服；④根据试穿效果给予评价，具体介绍商品；⑤为满意的顾客推荐其他可搭配商品；⑥为不满意的顾客推荐其他商品。

表情：目光亲切真诚、保持微笑。

语言：①“请将您的贵重物品随身携带，这样比较安全。”②“那边的试衣镜比较空，您可以到那边慢慢看。”（当试衣区域繁忙时）③根据其试穿效果给予个性化的评价，做详细的货品介绍。（根据不同顾客）④做其他搭配销售。（根据不同顾客）

要领：重视、理解顾客的每一句话、每一个表情。对顾客的挑剔应不厌其烦。运用自己的知识、经验、如实讲述商品情况，注意技巧。为顾客做推荐时应选择合适的商品，并说明选择理由，提出建议。

情境六：顾客试穿后决定购买。

动作：①推（拉）开试衣间门。②顾客出来后为其指引收银台方向。

表情：保持微笑、表示感谢。

语言：①“请拿好您的衣服”；“收银台这边请”。

要领：顾客决定购买后仍然要对其保持热情。

情境七：收银台收下顾客已买商品。

动作：①双手接过顾客的商品；②核对衣物与条形码是否相符；③报价。

表情：目光亲切、保持微笑、表现感激。

语言：①“您好，请付××元。”②“您好，您的××（衣服）是××元，××（衣服）是××元，一共请付××元。”（顾客购买两件以上时）

要领：声音洪亮，吐字清晰，让顾客再次确认。

情境八：唱收唱付。

动作：双手接过、拿起顾客所付的钱；验钞，打单据；找零。

表情：目光亲切、保持微笑。

语言：①“收您××元，谢谢”；②“收您××元，正好”（钱正好时）；③“请稍等”；④“找您××元，请收好”。

情境九：包装商品并做介绍。

动作：①小心仔细地将衣服整理后放进包装袋；②将购物单据放进包装袋；③双手将手提袋的手挽处递交给顾客；④做售后服务的相关介绍。

表情：目光亲切、保持微笑。

语言：①售后服务“您在这里买的衣服，拉链和扣子可以终身维修，如有损坏，您可以到任意一家门店维修。”②洗涤方法：一般衣物“衣服内侧有洗涤说明，请您注意看一下，按说明洗涤。”③“这是您的衣服，单据在里面，请您拿好，慢走。”

要领：售后服务介绍能避免因使用不当造成的顾客投诉。

情境十：送客。

动作：顾客出门时面对顾客。

表情：目光亲切、保持微笑、同样热情。

语言：①“谢谢光临，请慢走！”②“欢迎下次光临！”

要领：不论顾客购买与否，送客时必须保持与迎客时相同的热情。

情境十一：顾客听完介绍后不理睬或不试穿。

动作：①将衣服轻放回原处；②退后一步（千万不要挡住顾客去向）。

表情：保持耐心，微笑、热情。

语言：“请随意看看其他的衣服。”

要领：①不能在顾客面前流露出失望或不高兴的表情；②不能在顾客面前立即整理其刚刚触摸的衣服。

情境十二：顾客听完介绍后直接决定购买。

动作：①询问顾客需要的尺寸、颜色；②迅速的找出衣服；③将衣服吊牌展示给顾客确认；④双手递交给顾客；⑤指引收银台。

表情：保持微笑、表示感谢。

语言：①“请问您需要多大码？什么颜色的？”②“您看一下，这是您要的×号×颜色的。”

要领：指引的手势要恭敬，手臂与胸平，手指并拢，掌心向上，不得用单指在顾客面前指点。

情境十三：顾客决定购买时。

动作：①将衣服上的吊牌轻轻剪下；②提示顾客。

表情：目光友善亲切、保持微笑。

语言：“好的，那我为您把商标取下来，不过请注意，商标取下后，就不能退换了。”

要领：①顾客表示购买后，就已经把衣服视做顾客的了，切忌用力拉扯；②提示顾客以避免售后不必要的麻烦。

情境十四：顾客试穿后决定不购买。

动作：①为顾客推荐其他商品；②推（拉）开试衣间门。

表情：目光亲切真诚、保持微笑。

语言：①“那您可以再试穿一下其他的衣服。”②“您好，请这边换衣服。”

要领：①做其他推荐时要掌握分寸根据顾客实际需要，切忌给顾客带来强买的压力；②不能在顾客面前流露出失望或不高兴的表情。

情境十五：听见顾客呼叫又不能马上迎接时。

动作：①面向呼叫的顾客致意收到；②迅速处理好手头工作；③迅速走向呼叫的顾客。

表情：保持微笑，带有歉意。

语言：①“对不起，请您稍等一下。”②“您好（很抱歉）！让您久等了，需要我为您做些什么？”

要领：①不能给顾客造成无人回应的印象；②不能随意把顾客安排给其他员工。

情境十六：在对客服务时听见其他顾客的紧急呼叫。

动作：①面向呼叫的顾客示意收到；②迅速放下手头工作；③迅速走向呼叫的顾客；④处理完后迅速走回。

表情：保持微笑，带有歉意。

语言：①“对不起，请您稍等一下。”（对呼叫的顾客）②“很抱歉，请您先慢慢挑选，我去招呼一下那位客人。”（对正在服务的顾客）③“您好！很抱歉！让您久等了。”（对先前服务的顾客）④就之前或目前客人感兴趣的商品继续谈起，如：“这件衣服您看可以吗？”或“您现在看的这件也很不错啊！”

要领：①不能给顾客造成忙而无序的印象，以影响顾客的购买情绪；

②不能给任何顾客造成受冷落、不被重视的感觉。

情境十七：顾客所要的商品缺货。

动作：①查看库存情况；②如有，请仓务人员迅速补货；③迅速拿给顾客邀请试穿；④若没有，推荐相关商品。

表情：微笑，热情、带有歉意。

语言：①“请稍等，我为您到仓库看一下。”②“很抱歉，××颜色（××号）已经卖完了。”③紧接着推荐其他相关商品。

要领：①商品缺货应向顾客表示歉意；②注意前场缺货的处理程序。（查看库存情况推荐其他商品、向其他店调货、请顾客留下联系方式）

情境十八：缺货时的调货。

动作：①清楚告知顾客调货地点和需等待时间；②请顾客坐下等待（如有条件）；③留下顾客的联系方式；④将其他店铺的地址抄给顾客。

表情：目光亲切、保持微笑、热情。

语言：①“您要的衣服我们可以从××店调过来，大约需要××分钟（或明天可以送到）。”②“请您稍等，我们会尽快的。”（顾客表示愿意现在等待）③“麻烦您留下联系方式，衣服到了我们会在第一时间通知您，好吗？”（如顾客表示改天再来购买）

要领：在缺货情况下，尽量不要让顾客失望。

情境十九：接到顾客投诉。

动作：①保持平静将其引至一边顾客较少的区域；②认真倾听顾客投诉，安慰顾客情绪并道歉；③请顾客出示票据；④确属质量问题，按规定处理；⑤其他问题，提出处理意见，征询顾客意见；⑥如果自己无法解决需转交当班负责人处理；⑦如果现场不能解决需留下顾客的联系方式；⑧无论顾客投诉是否成立，亲自送顾客出门，并表示感谢。

表情：微笑、真诚、带有歉意。

语言：①“先生（小姐），这边请。”②“我明白了，您投诉的问题主要是××××。”（用自己的话复述一遍顾客的投诉内容表明自己明白、重视顾客投诉，同时留有余地来思考如何回答）③“遇到这种情况，您心里一定很不舒服。”（表现出同情心说明自己理解顾客的心情）④“实在很抱歉，给您带来这么多麻烦。”⑤“请把您的小票拿给我看一下，好吗？”⑥“很感谢您给我们提供的这些问题。”（即使顾客投诉并不成立）⑦“您看，这样解答（处理），您还满意吗？”⑧“请您稍等一下，我请我们的负责人来为您解答，好吗？”⑨“您好，我是这里的××（职位），您投诉的问题我已经基本知道了，是××××，对吗？”（首先应表明身份）⑩“您反应的问题，我们很重视，接下来要做进一步的详细调查，我们会在×天内给您回复，您看可以吗？那麻烦您把联系方式留给我们，好吗？”⑪“非常感谢您的意见和建议，我们会向公司及时反映，对我们的商品（服务）做进一步的改善，非常欢迎您再次光临。”

要领：①顾客投诉是对公司形象的考验，应比顾客购买时接待得更好；②不要在其他顾客面前接待投诉，可将投诉的顾客引至后场等人少的地方；③为顾客考虑，态度诚恳，语气平和、无论问题在谁方，均应让顾客心服口服；④即使是顾客无理，也不得与顾客发生争吵。

情境二十：看到顾客吸烟。

动作：①立即上前一步；②帮助顾客熄灭烟头（顾客做出要熄灭烟头的动作时）。

表情：微笑。

语言：①“您好！对不起，店铺是控烟场所。”②“谢谢您的配合！”

要领：切忌给顾客造成强迫的感觉。

情境二十一：顾客的问题不会回答。

动作：迅速向他人询问。

表情：微笑，带有歉意。

语言：①“请您稍等一下，我去问问。”②“请您稍等一下，我请店长来为您解答。”

要领：切忌不懂装懂，似是而非的回答。

（2）其他常见问题的语言标准。

问：能否打折？

答：①对不起，我们门店目前是不打折的。

②和同类商品相比，我们的定位是比较适中的，而且我们还为您提供优质的售后服务。

问：我跟你们××领导很熟的，给我打个折。

答：①很抱歉，我们是品牌专卖，公司统一价格政策，我们没有打折的权限。

②方便的话，那请您让××通知我们，我们一定按程序照办，好吗？

问：是否会变形（缩水、起球）？

答：①“正确的洗涤是不容易变形的（缩水、起球）。”

②“这种棉是经过处理的，只有千分之三的缩水率，不会影响您的正常穿着效果。”

问：能否刷卡？（如果门店尚无安装 POS 机）

答：①“对不起，我们店里目前只能现金支付”

②“这附近有很多银行，如果需要，我们可以陪您去。”

问：如何加盟你们的品牌？

答：我把公司加盟部的电话告诉您，他们会给您详细的解答，好吗？

问：男装的款式为何这样少?

答：谢谢您的意见，我们会反馈到公司，做进一步的改进 。

问：为何你们的尺码普遍偏小?

答：谢谢您的意见，我们会建议公司再增加几个尺码，如：XS、XL。

问：空调效果怎么不好？太热（冷）了。

答：这边空调效果比较好，您可以往这边站一下。

问：你们每天能做多少销售啊?（等涉及到商业机密的问题）

答：对不起，具体的数字我不清楚，需要的话请您跟公司联系。

第二篇　“货”

第四章 管“货”管什么

我们可以用一句话来说明零售服务业内在规律：在“对”的地方、“对”的时间、用“对”的人、以“对”的价格、把“对”的商品卖给“对”的顾客！

货，就是我们说的商品，或者叫产品。商业活动的本质就是把商品贩售到消费者手中，因此，货，或者商品，在商业活动中是核心的，本质的，不可缺少的。

零售服务业的店长，对商品应该有着天然的、本能的敏感。店长们对他们的所经营的商品必须具有深刻的理解，如服装专卖店店长对服装流行趋势、快捷酒店经理对他的客房产品、餐厅经理对他的菜式和出品、电影院线经理对他影院的格调、超市经理对其超市所提供的产品组合等。

■ 销售目标

做生意不是拍脑袋拍出来的，销售目标既不由总部决定，也不由门店决定，而是科学分析得出的。你的门店在哪里、每天从门店经过的人流量有多少、店铺面积有多大、商品陈列量（或者是接待顾客能力）是多少、消费者的消费能力、门店团队的销售服务能力等因素，都会影响销售目标的制定。

销售目标的制定既不能太高，又不能太低，太高了目标够不着，会严重影响团队的士气；目标太低了，团队会因为缺乏挑战性变得懒散，销售目标的设置应该放在这样一条线上，用力跳起来能够得着。

■ 商品结构

生意不是做出来的，而是规划出来的。

商品结构就是在门店里卖哪些东西给我们的顾客，要知道，顾客的需求从来就不是单一的，另外，仅仅某一种单一商品也不够支撑一个完整的门店。好的商品结构（组合）是为了最大限度满足进店客人的需求，正如电影院会卖爆米花、冰淇淋，馄饨店会卖包子、点心，服装店会卖配套装饰品一样。沃尔玛就曾经发生有趣的事情，超市有关经营人员通过销售数据发现，夜间婴儿产品与啤酒销售存在着一定的关联性，经观察分析得出结论：经常会有男人受太太之命，光顾超市给婴儿买一次性纸尿布，同时也会买些啤酒犒劳一下自己。于是超市经营部门就调整商品陈列方式，装一次性纸尿布和啤酒放在一起卖，大大提升了销售额。

注意，好的商品结构会直接影响顾客购买量的上升。

最近几年，我们注意到了 85 度 C，一个咖啡品牌在各大城市大行其道，究其成功秘诀，85 度 C 打的就是“混搭”式商品组合牌，在产品更新的速度上，它借鉴了 ZARA 的快时尚，每 45 天推出 4 ~ 6 款糕点产品、6 ~ 8款面包产品，以 ZARA 模式卖面包。在业态上，它挨着星巴克开面包坊卖平价咖啡，但在那些外带面包店（面包新语）门前卖休闲空间，在价格上，以“卖馒头”的价格卖 24 小时管家式的五星级服务。有人给了它的成功一个很好的总结：85 度 C =（面包新语 + 星巴克咖啡）×1/2 价格

就这样，85 度 C 以其便宜的价格与超出期望的产品与服务成为一匹黑马。

商品的创新组织对商业的成功取着至关重要的作用。

■ 销售计划

销售目标、商品结构确定后，接下来就要做精确的销售计划，生意是一天天做出来的，销售计划就是要把年度销售目标分解到季度、月度、每周、最后到每天。

这样做，是为了把营业目标落实到日常营业管理中，以便检核、控制销售进度。当然，销售计划中必定包括了促销计划，促销计划不是心血来潮的产物，更不能临渴掘井，而是根据一年的节假日而制定的周密促销锦囊，到时只需从容解开，依计施用。

■ 库存控制

销售目标确定后，就涉及到进货环节了，有进货就有库存。库存有两种含义：一是门店为销售而储存的商品备量，二是卖货大于进货而导致的积压商品量。

商品备量不足则损营业收入，商品备量过多则损营业利润。因此，库存控制（尤其对服装、餐饮业等商品保质期短的行业而言）是店长管理行为中的重要课题。根据门店商圈、客群、消费力所做出的精确的销售目标和计划对库存控制至关重要。

■ 商品盘点

账实相符是门店商品管理基本要求，盘点是摸清家底、保证商品销售账目与实际库存相符的常规工作。门店经常发生商品入库、商品售出行为，盘点就是为了确切掌握某段时期内的库存数量以及损耗等信息，据此分析盈亏、改善管理，避免商品进货计划不准的问题。

盘点也是为了财务管理和总部审计的需要，简单地说就是总部给你了多少货，你得拿多少钱回去。盘点频率以总部规定为准，为了盘点方便，店长要提高门店仓库日常管理，做到商品在仓库的存放整齐有序。

■ 商品陈列

你从街头的小贩手中买一小篮杨梅，你会发现大部分时候，篮中的杨梅上面的大，放在下面的小。这是为什么？为了卖相好看。这就是商品陈列。

商品陈列和商品摆法、点缀道具和灯光照明有关，成功的商品陈列让顾客进店后目光所及，感觉愉悦、舒服，从而激发起购买欲望。这个很像我们平时的穿衣打扮，通过巧妙的商品陈列，凸显商品的优点，弱化其缺陷。

想一想超市里的生鲜肉制品柜台是怎么做的？分割好的五花肉、大排、肋排等包装美观、摆放整齐，好看的、块大的一定是放置在最上面，另外，一定要用红色的灯光照着，看上去很新鲜的样子。设想一下，这些从冷库里拉出来的冰冻猪肉，如果随便切割，任意摆放，你会买吗？

■ 商品验收

商品和钱是一样的，给钱或收钱的时候你有不数的道理吗？商品到店的时候，一定要进行商品验收，很多情况下，门店员工会借口生意繁忙而忽略商品验收环节，当发现数量短缺、质量残次时再与送货单位交涉，对方还会认账吗？其结果往往是门店自赔，有损生意不说，员工也因受到经济处罚而产生很坏的情绪。

一定要把商品验收当作重要流程处理，做到：①确认该批商品是不是我要的；②确认商品数量是否相符；③商品质量有无缺陷；④将验收结果与送货人当场书面确认。

■ 商品退货

商品退货通常有两类性质：一类是有品质缺陷的退货，一类是销售周期结束后尚未售出的商品清退。第一类品质缺陷商品须及时退货，以更换合格品，不误销售时机，第二类库存货品一般须等待总部退货通知，在规定的时间将库存商品退往规定的接收人。

无论哪一类退货商品，如当初接受商品一样，都须履行书面退货手续，包括时间、商品名称与编号、数量、物流接受人（见图4－1至图4－5）。

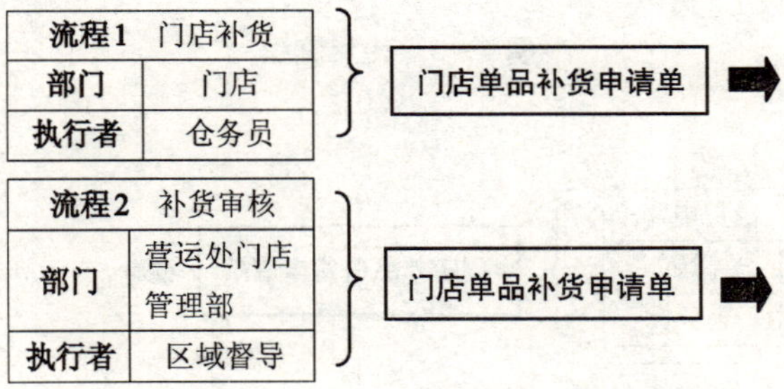

图4－1 补货流程

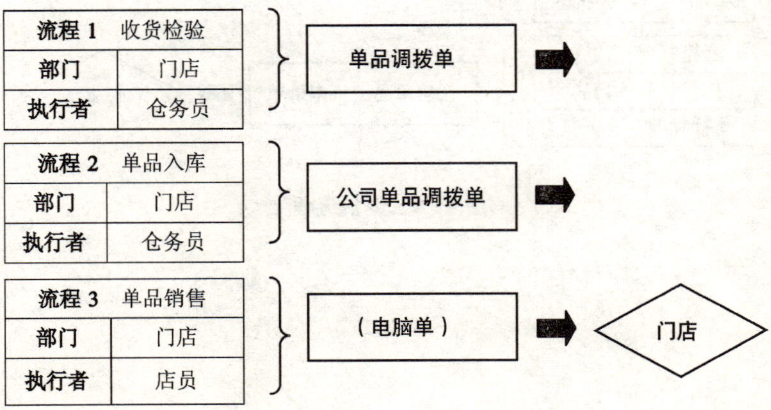

图4－2 收货流程

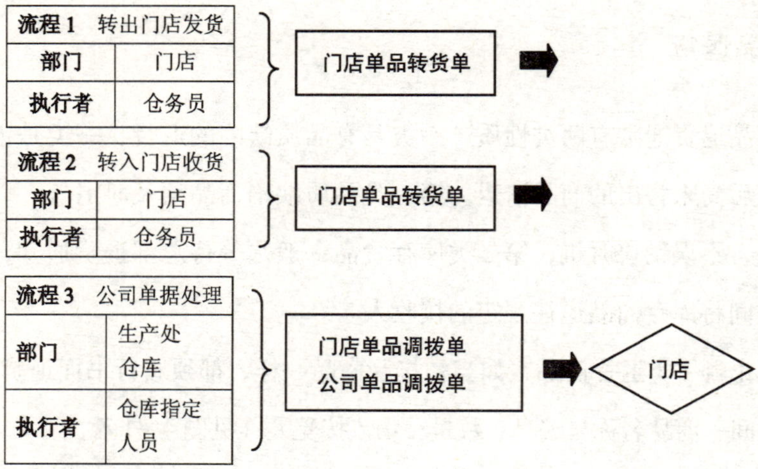

图4－3　转货流程

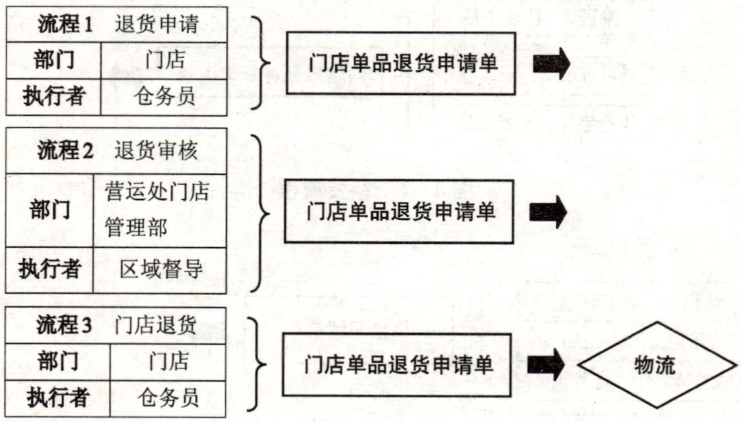

图4－4　退货流程

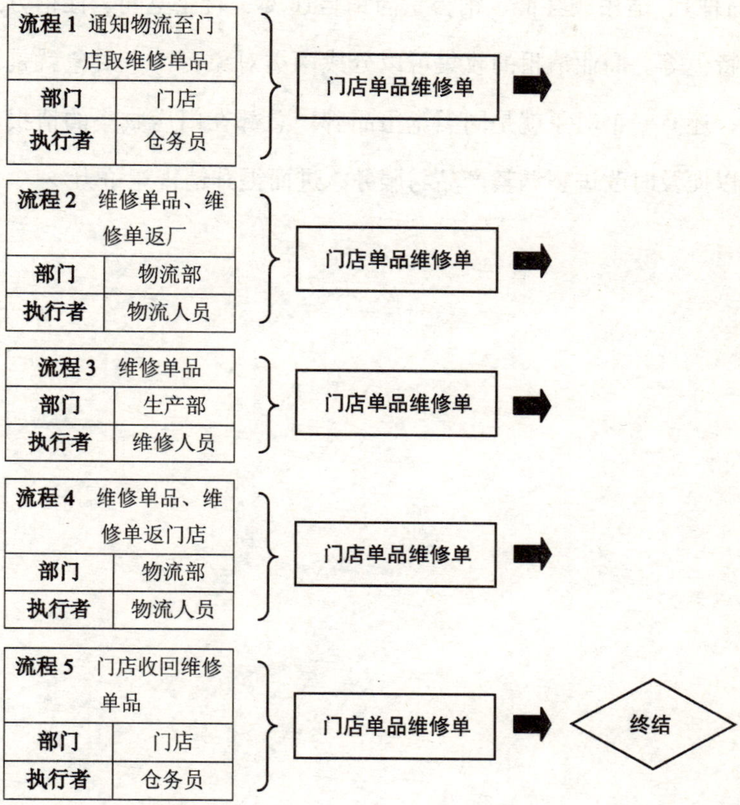

图4-5 维修流程

■ 商品情报

知己知彼，百战不殆。这是说如果你了解了自己，又了解了对手，你怎么打都会赢！知己知彼的重要手段之一就是情报的收集与分析。

门店，是商业活动的最前线，是商品情报最可靠的来源地。因此，总部的商品决策必须基于市场需求。在现代商业中，商业情报管理成为门店越来越重要职能了。

商业情报内容有价格、卖相（外观式样）、功能性、时尚度、味道

（餐饮品种）、适用顾客群、销售量与销售速度、商业空间、促销方式、销售服务特色等。商业情报的收集可以分成两类对象：一个对象就是公司商品本身；还有一个对象就是同类竞争品牌。总部在门店收集的情报上加以分析，以便及时改进、调整产品与服务，进而提升销售竞争力。

第五章 怎样管理

■ 店长的商品管理

1. 商品的分类

商品分类是配合销售上的需要，可以依销售对象（性别、年龄、消费力等）分类；依商品的使用功能（使用场所、动作、机能等）分类；依商品的性能（颜色、式样、设计、尺寸、价格、材料、流行等）分类等。

随着 IT 技术的发展，商品管理从头到尾都是由电脑管理了，因此，店长对将商品管理越来越轻松，店长对商品管理内容和数量也越来越“海量”。

2. 畅销产品排行与管理

畅销商品是你利润的最大保证。

根据管理学“二八理论”畅销商品的销售金额占总销售金额的累积百分比 70% ~80%，小部分，即大约 20% 商品贡献了门店大部分的生意。有限的营业资源（昂贵的面积、昂贵的员工等）要做到经营效率最大化，因此，找出你的畅销商品意义重大。

3. 中间产品排行与管理

中间产品是指卖得不好不坏的商品，你可能要问，卖得不好不坏的产品要它们做什么？事实上，不可能所有的货品都畅销无比，再则，中间货品是保证门店货品丰满度的重要支撑。

中间货品占货品总数的20%～80%，平均约50%，对于中间产品，你要下工夫，做到有计划、有节奏地促销，直至售罄为止，否则一不留神那些本可以销售出去的货品就将变成库存。

4. 滞销产品排行与管理

滞销产品是指卖不出去的货品，一般占商品总数20%～30%。

滞销品的出现一是因为其不符合市场需求引起的，还有一种是本来很畅销的商品由于不停地进货，货品到店迟滞，错失了最佳销售周期，反而变成库存。

警惕滞销（库存）货品，库存商品是吃掉你利润的重大威胁之一。对滞销品的排行与管理有助于店长找到相关规律，尽量避免采购不符合消费需求的商品，有效控制库存商品。

5. 加速商品周转率

商品进货后，卖出越快越好，这意味着你用更少的钱去做同样、甚至是更大的生意额。

要保持一个理想的商品周转率，精确计算商品容量，确保存货量适度，并将畅销品与滞销品作适当的调整，而使商品的周转率加速，提高管理绩效。

记住，好店长是用数字来管理门店的，什么好卖、什么不好卖、每天卖多少、好卖的有多少库存，不好卖的还有有多少，要做到胸有成“账”。

（1）进货验收。

①所有商品之进货，应检查货品及货单是否正确，需核对品种、数量、式样、大小、包装等要素。

②进货验收的时间，最好选择在营业低谷时间进行。

③货品验收无误后，应立即移至仓库或卖场，不得任意摆放，避免与原有商品混淆。

④验货时若有退货事项发生，交由送货原车收回，必须填写退货单。

（2）损坏品处理。

进货损坏之货品退回时，要整理妥善并装入袋（箱）中，避免货品污损，并加以注明书面说明，交由送货原车收回，必须开具退货单。

（3）商品调拨。

①商品拨出拨入，必须仔细清点，并由拨出及拨入单位的店长签认。

②调拨行为须在账目上注明。

③使用进销存软件的门店务必录入电脑。

（4）退货处理。

发生退货时应打印出退货单，注明原因，退回公司。

（5）商品变价管理。

商品定价事关财务，价格管理是一件严肃的事情，一定要记住，价格变更（降价、特价）的权限在总部、店长可以根据销售情况向总部申请价格变动，批准后负责执行工作，价格不可随意变动。

（6）人为原因造成的货品耗损。

①收银员行为的不当所造成的问题。（销售信息漏输、输错、收银员作弊行为）

②出于业务上手续的不当所造成的问题。（门店间调货时漏输、货品领用时漏记、进货重复登记、退货重复登记）

③商品进出验收不当所造成的问题。（重复或漏点导致数量错误、未当面点收）

④货品管理不当所造成商品破坏或污损。

⑤进货过剩导致货品变质。

⑥因货品知识不足而产生的耗损。

⑦盘点不当造成的问题。

⑧贴错标签。

⑨内部与外部人员的盗窃。

⑩不良货品的购入。

（7）场地与设备原因造成的货品耗损。

①物流运输不良导致途中产生损失。

②仓库条件不合格导致货品价值减损。

③货品包装不良而产生损失。

（8）货品防损有效办法。

①制定合理、清晰、没有管理盲区的流程和作业标准。

②保证作业流程与标准对员工有持续培训。

③商品流通中加强监控以确保每个环节严格执行。

④坚持定期（年、月、周、日）检查指导商品陈列与整理。

⑤坚持定期盘点重要商品。

■ 店长的采购管理

一个好厨师要知道每天买什么、买多少、到哪里去买，这样的结果是：每天买的材料做出一道道好菜；买进来的菜几乎都卖出，不造成库存，不浪费，保证每天食材的新鲜；重要的是买菜的价格也不高，保证成本的控制以增加餐馆的利润。买对的，买好的，买便宜的！这是采购的原理，店长要向好厨师学习。

（1）做好自家及竞争品牌日常销售数据的统计、分析，了解你的顾客需要什么商品，包括价格、品质、性能、外观式样等。

（2）做好销售计划，由销售计划决定商品需求，由商品需求决定采购计划。

（3）非独立采购的，向总部递交清晰的商品采购计划与订单，并持续跟进商品供应的进程，及时预见迟到或缺货可能，并提出有效补救措施。

（4）验收到货商品。

（5）做好安全库存管理，监控可销售商品备存状况，做到及时补充畅销商品。

（6）根据市场需求向总部建议新商品的开发。

■ 店长的库存管理

库存管理管什么？一是数量，即仓库里有什么货、有多少要准确、清楚；二是位置，即这些货都放在仓库的哪个位置（库位），货品库位也要做到合理、精确。

库管混乱会导致各种问题的产生，要的时候找不到，或者彻底遗忘该商品的存在，甚至产生重复进货的荒唐事情出现，另外，还有因管理不到位以至于发生鼠害、水浸、潮湿生霉、偷盗等货损。

要有正确无误的存货数据，首先要有正确的出入记录，库存才有正确的反映，所以公司每次返货都要将来货进行确认，以确保电脑数据无误，而当我们店铺发展到不止一间的时候，我们的出入货数据就更难掌握，这时我们建议用存货账方法记账。

好的库存管理由数据管理、库位管理、清洁卫生、防损管理组成的。

库存数据的重要手段之一是盘点，盘点就是定期或不定期的账货核查的过程。

要做好盘点，首先要制作盘点作业流程与标准，包含盘点计划、盘点区域划、盘点作业规范（盘点方法）、盘点人力分配、盘点资料控管、盘点报表、盘点差异分析、检讨（见图5-1）。

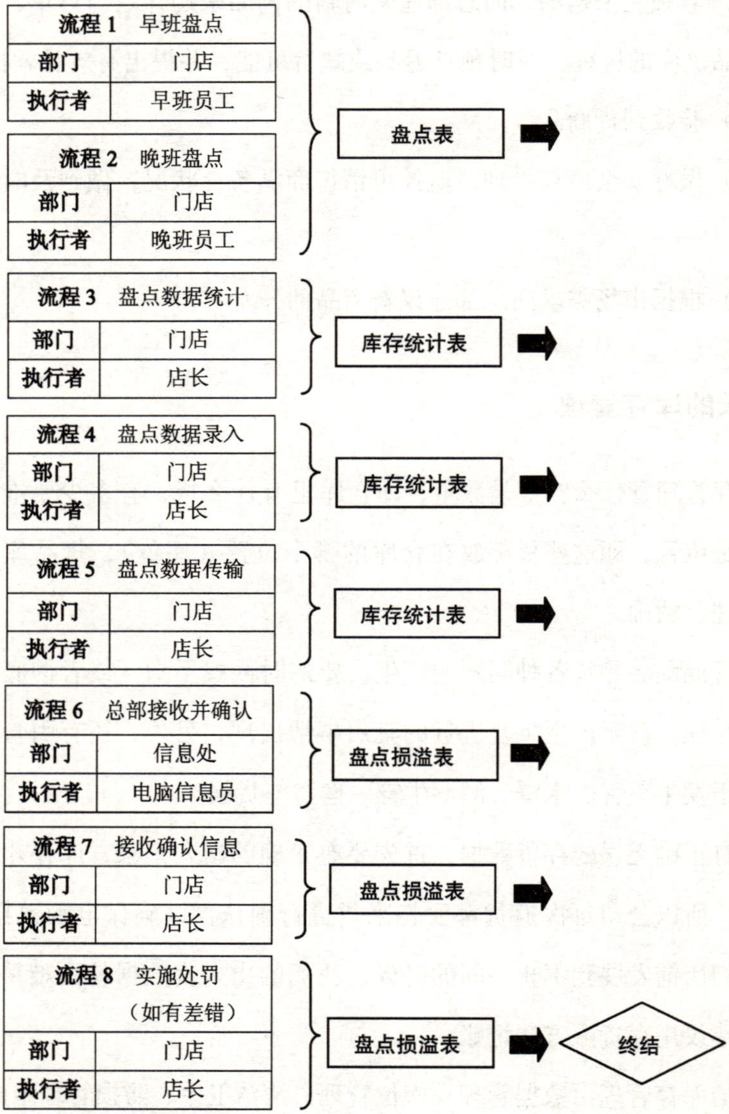

图5-1 盘点作业流程图

（1）单品盘点。

①单品盘点只对仓库中某单一商品的盘点。盘点一般都在营业结束后进行，将该单一商品全面（仓库、前场（商业空间）、模特、橱窗等）盘清。

②盘点后，必须对所盘商品抽查，确保盘店数据准确。

（2）全场盘点。

①全场盘点通常每月一次。

②全场盘点须准备好人手、计数器、计算器、电子产品、纸笔（根据公司设备而定）等。

③已经盘过的商品须贴上有盘点数据的标签，以便复查。

④盘点复查及数据录入。

（3）复查表的设计与使用。

盘点复查表的设计：复查表内容可设四栏，库位，盘点人，盘点数据及输入数据。

复查表的使用：将已定好的区位写在区位一栏里，在盘点过程中，每盘好一个区位，由盘点人报上区位的盘点数，分别记录在盘点数和盘点人一栏里，再由另一个同事负责复查一次，如果数据准确，则由复查的同事把该区的盘点纸收下来交给店长。

■ 店长的商品陈列管理

1. 菜贩的陈列哲学

路边有个菜贩摆摊卖菜，他先是把一大筐菜倒在地上，粗略地把菜分成两堆，一堆显得大些，标价 3 元，另一堆看上去小一些，标价 2.9 元，顾客抢着要那堆大一些的，很快就卖完了。等顾客走了，菜贩把剩下的那堆小一些又如法炮制，分出大小两堆，很快大堆又卖掉了，几次下来，菜就卖完了。

菜贩菜卖得好，一是因为他懂得巧妙地陈列“商品”，更重要的是，他深谙顾客心理：和大的相比，小小的只是便宜了一点点，我不如买大堆的！

商品陈列是一门如何把商品整齐美观展示在商业空间的学问。不同行业的零售服务的商品陈列是各有特色的，苹果专卖店的 iphone、ipad 陈列给人以科技梦幻的体验，星巴克的布置给人浓郁的小资情调，ZARA 的空间及服饰陈列给人时尚、方便的感受。

成功的商品陈列总能吸引顾客注意商品，引发顾客的购买欲。在购买行为中实现连带率，是推动销售的第一途径和公司留给顾客的第一印象，是塑造商品美誉度的最有效途径之一。

陈列风格应根据行业特征而定，应以顾客体验为导向，以烘托、增强商品吸引力为着眼点。商品陈列中恰当应用模特、灯光、道具、背景、色彩等元素，并经常调整，令顾客保持新鲜感。

2. 陈列的基本原则（见图 5－2）

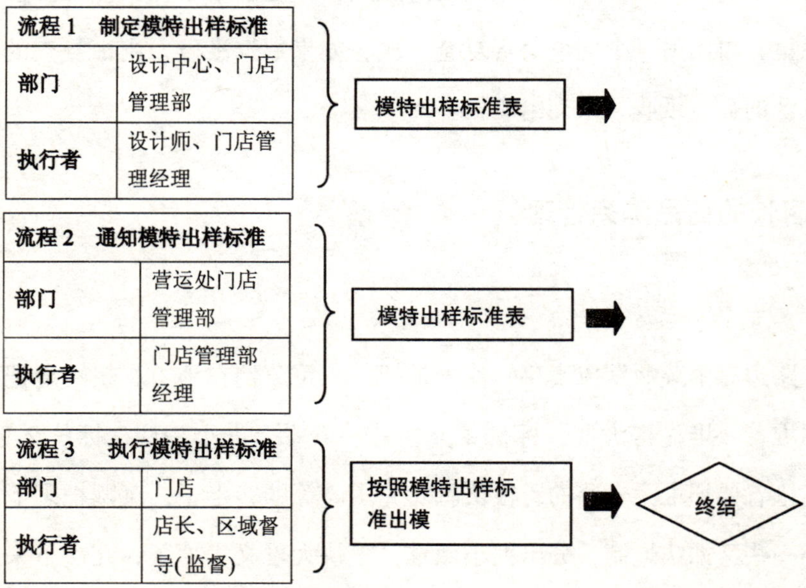

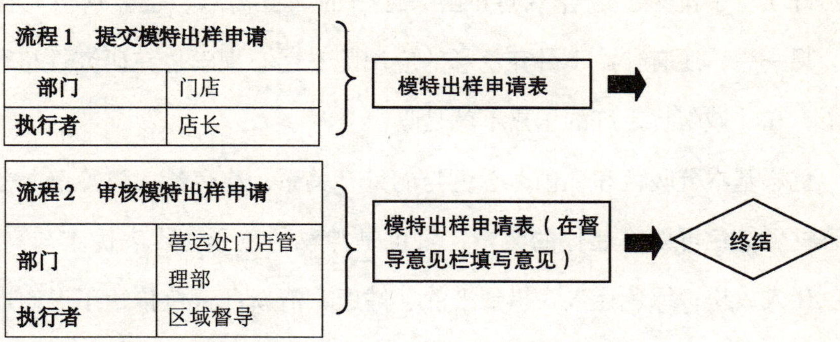

图5－2　模特出样流程图

（1）整洁美观。

商品陈列整齐、有序，给人以舒服的感觉，连锁门店一般都会受到总部的商品陈列指导。

（2）分门别类。

分门别类是“理”的功夫，根据商品用途、性质、外观、类别特性给予区别，让顾客更容易寻找到他要的商品。

（3）主次有序。

在商品组合设计中，商品有主力商品、次主力商品、辅助商品、促销商品等，在商品销售中，又有畅销、普通、滞销之分。

在商品陈列中遵循“有主有次，以主带次，以次促主”的原则，可以有效提高销售额。

（4）疏密有致。

商品陈列即不能摆得密密麻麻，也不能稀稀拉拉。好的商品陈列，如同一幅好画，有的地方泼墨如云，有的地方惜墨如金。

（5）色彩宜人。

做菜讲究“色、香、味”俱全，排在第一位的就是“色”，色是用来征服视觉的，看得舒服了，就有了吃的欲望。服装讲究色彩搭配，搭好了自然好卖，手机为了迎合不同年龄、性格的人群需求，也做得五彩缤纷的。想一想，还有什么不讲究色彩的应用呢？连心理学也在研究性格色彩学了，在非诚勿扰走红的乐嘉不就是吗？

色彩基本分暖色和冷色，暖色与能量有关系，冷色给人以冷静与安全的感觉。红色可以唤起你的激情；紫色是神秘的色彩，代表优雅与高贵；蓝色让人放松；绿色让人联想到平静、健康、清新；黄色传达了温暖、希望、乐观等正面情绪；橙色代表了活力、生机、兴奋；黑色则宣示权威、价值、永恒、成熟。“接天莲叶无穷碧，映日荷花别样红。”蓝天、碧水、绿荷、红花，宋代诗人杨万里这两句诗把西湖的意境淋漓尽致地呈现在我们面前。不同的色彩搭配在一起时，色彩的效果会产生不同的变化。浅颜色搭配在一起不会产生对比效果：深颜色合在一起效果也不吸引人。当深浅混搭在一起的时候，就会相互衬托，效果明显。

色彩搭配一般来说有同色搭配、类似色搭配、对比色搭配等几种方式，产生的效果各不相同。店长应该接受一定的色彩学培训，提高审美和陈列的能力，益处多多。

（6）商品充实。

物品太多或太少都是商品陈列的忌讳。用人来打个比方，过分的多就是肥胖，过分的少就是瘦弱，该有的有，该少的少就是丰满，商业空间的陈列就是要做到“丰满”。有足够的陈列展示才能给人以商品充足，货源丰富，可选择性强，从而吸引到顾客进店。

（7）标签醒目。

良好的顾客体验来源之一就是便利，你得想方设法方便顾客的走动、方便顾客寻找到他要的东西，方便顾客一眼就能从商品标签上知道价格及基本信息，以节约顾客的购物时间成本及精力成本。

第三篇　“场”

第六章 管理细分

店长的“场”就是门店，门店是店长的舞台，是店长管理他的团队，服务顾客，经营业务的主场。

店长是门店的灵魂人物，他负责分店业绩营业成败的责任；掌管着一家门店所有的管理。他除负责分店的成长外，同时也是店员的依靠，要能够玲珑八面地解决大小繁琐的事务，店长必须做好下列的管理工作……

■ 服务管理

服务管理分为四大环节：迎客、销售接待、结算、送客。

服务管理要做到笑容灿烂、语调快乐、彬彬有礼、真诚周到地温暖每一个顾客的心。

1. 从产品到体验经济

人类商品交换的长河中，经历了从资源物质到产品、商品、服务、体验经济的五个阶段，一个阶段比一个阶段高级。

最早人类只能从大自然中获得资源性物质，像树上的果实、狩猎的动物、地下的煤，等等，是最原始的状态。到后来，人类学会了把资源性物质加工成产品，使之具有一定附加值。

再到后来，随着工业革命和科技进步，产品可以用机器大量复制，商品时代到来了，商品时代的特征就是商品数量的丰富与放大，竞争者可以一夜之间造出与你一模一样的商品，为了生存，商家不断降低价格，陷入恶性竞争。

降价竞争到了一定阶段，出现了以服务为导向的商业模式，服务是无形的、超越于商品之上的，越是无形，越是难以定价。

近年来，商家开始提倡体验经济，体验经济就是服务阶段的升级版，体验经济注重通过服务全过程，在每一个环节中给顾客以美好的心理体验，最终让顾客产生购买行为。

2. 为什么服务

无论是什么业态，无论是何种产品，服务始终贯穿在销售过程中。产品是核心，服务是载体，记住，没有好的产品，服务再好也无济于事；但坏的服务可以毁掉一切。

任何商家都会说顾客是我们的衣食父母，但实践起来，员工很难把顾客真正当成衣食父母。为什么？生我者为父母，养我者父母。千万不要以为发工资的是老板，我们每月的工资是顾客发的！在美国，一个服务员的底薪是很低很低的，服务员的收入是由顾客决定的，顾客根据服务员的服务水准给予小费。真正懂得了这个道理，你还会对顾客态度不好吗？

3. 良好的待客礼仪

谁都见过沃尔玛的笑脸标识，不是吗？微笑是通往任何美好境界的通行证。不同的销售方式决定了待客礼仪的差异，但无论如何，首先要让你的团队笑迎顾客，目光注视着顾客，脸上散发出阳光般的笑容。注意，发自内心深处的笑容和那种训练有素、商业招牌式的笑容是不一样的。

微笑的成本是最低的，获得却很难。现代人压力大，心里很不快乐，表情冷漠。那么，怎么才可以做到拥有真诚的笑容？方式也很简单，告诉自己：我想拥有一颗感恩的心！如果不是这样，我的人生不会变得更好！当你看到顾客心生欢喜，真诚的笑容油然而生。要知道，笑容是有感染力的，因为你的真心笑容，我的人生从此与众不同。

4. 专业熟练的商品服务知识

孟子说过："贤者以其昭昭使人昭昭，今以其昏昏使人昏昏。"意思是说想要让别人明白，首先自己一定要明白。如果老师"昏昏"，结果是误人子弟，如果销售人员"昏昏"，那么顾客会怎么样？连销售人员都弄不清楚，说不明白的，顾客怎么能对你的产品和服务产生信心呢？于商品知识而言，清晰的思路、鲜明的逻辑、流畅的表达要形成强有力的说服，只有被说服了，顾客才能产生购买行动。

■ 形象管理

对顾客而言，卖场代表公司，现代商业销售的不仅仅是产品本身，更包括着超越于产品本身更具附加值的因素，正是这种超越商品本身的无形附加值，使得品牌立于不败之地。从普通餐饮星巴克、麦当劳、肯德基、哈根达斯，到奢侈品 LV，无不是通过打造品牌信仰，达到放大产品价值的目的。因此要建立及维护优良的卖场形象是店长的重要职责。

品牌形象 = 商业空间 + 良好服务 + 商品品质 + 商品价钱

商业空间规划 = 店面陈列 + 店面气氛

店面陈列 = 商品的种类与数量 + 商品陈列方式 + 差落有致的间距

店面气氛 = 干净整洁的商业环境

商业环境 = 舒适的照明 + 宜人的温度 + 愉悦的气味 + 商品及宣传品的陈列 + 悦耳的音乐

■ 销售管理

店长的另一重要职责是理解并执行公司规定的营业目标，按职员的能力去分配个人目标，激励辅导他们去达成目标。所有的门店管理动作最终都是店长对销售管理环节的配合、支持。

1. 业态与销售模式

销售模式是指根据门店所销售产品特点，制定出符合产品销售特征的销售方式。餐饮、服装、通信、超市等不同行业其销售模式均有差异，即便是同一行业，因其产品定位不同，其销售模式也有差异。例如，销售 LV 和销售和 ZARA 模式不一样，销售肯德基和销售中式餐饮的模式也有很大差异。模式没有高低之分，如同穿鞋一样，合适就好！

销售模式往往也被称为业态，业态即某一个行业的整体销售模式，业态是与时俱进的，是随社会经济发展和人民生活水平的提高而不断细分和整合的。

计划经济时代物资贫乏，开始的形态是供销社，后来的百货商店卖副食品、布料、简单的化妆品、缝纫机、手表等商品，现在的百货商场标准业态是一楼销售高档化妆品、珠宝首饰类，二楼少淑女装，三楼精品女装，四楼男装，然后是运动服装。

家用电器是从早先的百货商场分出去的，另立门户变身为家电大卖场，国美、苏宁就是做电器的大户。食品、生鲜、便宜的化妆品、家电、服装则出现像沃尔玛、家乐福、欧尚这样的超市里了。当然，有的产品即不出现在商场，也不出现在超市，自己在行业相对集中的街上找个店铺，只卖某个品牌产品，就这是我们所说的专卖店。再往下发展，又出现了集零售、餐饮、娱乐、影城、亲子教育等一体的庞然大物——“城市综合体”这样的大型商业中心，万达就是其中之一。

到了现在，像淘宝、京东那样的电商又大行其道，大有把传统线下店赶出历史舞台的架势。

商业模式一代代发展地非常快，特别是在今天IT及互联网助力的背景下，可谓日新月异。一个优秀的店长，应该掌握所在行业、产品的销售模式的特点，敏锐感知到业态的变化趋势、销售模式的细微变化，及时向公司总部反应市场情报，以便对门店销售模式做出及时调整，使销售管理适应发展变化。

2. 掌握商品知识

随着科学技术不断发展，商品永远呈现出这样的特征：加工程度趋于精细；新材料不断被应用；功能越来越细分；产品种类日趋丰富；科技含量增大。

过去粗布、剪刀等商品很容易被顾客凭肉眼和经验分出好坏，而服装新面料开发出的各种款式、电脑新技术带来的IPAD、智能手机、各式美味饮食简直让顾客眼花缭乱，顾客对商品好坏的鉴别也越来越难。

门店营业团队如果不能熟练掌握商品知识、服务特色，“以其昏昏，使人昭昭。”试想，一个营业员在说服顾客购买的时候，自己讲得牛头不对马嘴，前言不搭后语，甚至无法自圆其说，这会产生什么样的效果？在一个顾客日益理智、精明的时代，这样的服务不可能使顾客产生对品牌的信任，更遑论说服顾客，使其产生购买行为。

销售服装的要懂面料、色彩、流行趋势；销售餐饮的要懂菜式原材料、营养学、烹饪基础；销售电脑的要懂电脑硬件、软件原理与配置；销售房地产的要懂房屋构造、小区规划、市政配套；等等。

“专业地”说服是强大的销售力，因此，作为一个店长，率领门店营业团队不断学习、了解商品知识，切实体验商品使用效果是销售管理的重要环节。

3. 商品促销技巧

战国时期有个叫田忌的大将，经常与齐国诸公子赛马，设重金赌注，但每赌必输。

著名军事家孙膑发现他们的马脚力都差不多，可分为上、中、下三等。于是孙膑对田忌说："您只管下大赌注，我能让您取胜。"田忌相信并答应了他，与齐王和诸公子用千金来赌注。比赛即将开始，孙膑说："现在用您的下等马对付他们的上等马，拿您的上等马对付他们的中等马，拿您的中等马对付他们的下等马。"

三场比赛完后，田忌一场不胜而两场胜，最终赢得齐王的千金赌注，这便是有名的"田忌赛马"故事。孙膑是个"好店长"，因为他懂得如何最佳配置商品销售。

这个故事告诉我们，促销不仅指简单意义上降价或赠送，还包括了有效商品组合销售方式，门店商品组合是由各类单品组成的。两个门店即便是相同的营业额，但其门店利润率也可能不一样，这是因为单品利润率不同，利润率高的单品销售占比越大，该门店的利润率就相对高。有效促进单品利润高的商品可以提高门店综合利润率。销售能力强的营业员善于巧妙地向顾客推荐更多的商品，单品利润高的商品，让顾客"成套"购买，多多益善。

4. 商品销售技巧

店长要持续指导、协助店职员活用各种不同的销售技巧以增加成交的机会，并随时给予机会教育及在职训练。

兄弟俩各开了一家豆浆店。老大的豆浆店做不过老二家，论店面位置、装修、热情待客，老大的门店“综合竞争力”并不差，这让人百思不得其解。老大下了决心要弄清楚其中奥妙，经过考察，原来老二家媳妇在顾客点豆浆的时候，会迅速往豆浆里打入一个鸡蛋，然后笑嘻嘻地看着顾客：要一个蛋还是两个？顾客在老二媳妇的引导下，往往会答：两个。而大媳妇呢，她是这样问顾客的：请问需要鸡蛋吗？很显然，二媳妇的销售技巧是主动引导型的，这种销售技巧增加了鸡蛋的销售成交机会。

有家叫黄太吉的煎饼店，他非常善于制造话题并利用微博营销，在他的店堂里贴着类似“小生意，大格局”，“吃着豆腐脑思考人生”，“所有汉堡比萨都是纸老虎”一类的标语，喜欢新奇的年轻人纷纷用手机拍下来传到微博上，生意不是一般的红火，号称“微博热店”、“全北京最好吃的煎饼”。

门店销售技巧因行业、业态、产品特点而异，有的需要热情紧跟贴近，有的需要尊重隐私保持一定距离，有的需要大鸣大放催促成交，有的需要春雨无声水到渠成。一个好的店长，善于结合自身门店的特征，总结、提炼出最适合品牌产品的销售技巧，对员工加以指导并在实践中应用，切忌生搬硬套，弄巧成拙。

记住，合适的就是好的！

■ 商圈管理

“到对的地方钓鱼。”

对商家而言，意思就是要把“对”的东西要放在“对”的地方，卖给“对”的顾客。

商圈错，一切皆错。

商圈是指门店所在商业位置，又叫“立地”，在不同的商业位置中，分布着不同层次的各种商号。因此，不同的商圈有着其特别的性质、特征、顾客群等。我们经常听说的“物以类聚，人以群分”这句话是对商圈特点的最好说明。年轻人喜欢时尚的步行街，中年顾客趋向于百货商场，老年人喜欢菜场超市。

商圈是有层次的，还分高级商圈和普通商圈。什么样的商圈吸引什么样的人，这就先天决定了什么样的商品必须在其合适的商圈里销售。

店长要熟悉门店所在地理位置、消费者、消费特性，学会在“什么山上唱什么歌，在什么商圈使什么法”。消费者层次不同，需求不同，消费能力不同，消费特性也不同。虽然总部统一规划商品组合，但位于不同商圈的不同门店的店长，仍然有必要根据商圈特征，向总部建议该门店的个性商品组合，以达到最佳销售的目的。

商圈管理的一个重要因素是人流量的测定，人流量在很大程度上决定了门店生意的好坏，因此，是否可以开店、开店后的销售指标等经营决策一定要在人流量的基础上评估、测算（见表6－1）。

表6－1　人流量统计表

日期　月　日　月　日　月　日　月　日　月　日　月　日　月　日

星期	星期一		星期二		星期三		星期四		星期五		星期六		星期日	
时间	客流	人流	客流	人流	客流	人流	客流	人流	客流	人流	客流	人流	客流	人流
9：00～10：00														
10：00～11：00														
11：00～12：00														
12：00～13：00														
13：00～14：00														
14：00～15：00														
15：00～16：00														
16：00～17：00														

续表

星期	星期一		星期二		星期三		星期四		星期五		星期六		星期日	
时间	客流	人流	客流	人流	客流	人流	客流	人流	客流	人流	客流	人流	客流	人流
17:00~18:00														
18:00~19:00														
19:00~20:00														
20:00~21:00														
合计														
表格填写说明	1. 店铺名称、日期必须填写完整。 2. 统计客流、人流量以1小时为时间节点进行计数统计，填写在对应时间节点的空格内。 3. 客流量是指进店顾客的人数；人流量是在从店门口经过的人的数量。 4. 本表格是针对店铺的街区、业绩产出率进行的必要的统计，各店铺认真完成，有未完成或虚假填写的罚50元/人。														

1. 商业情报制胜

店长要保证良好的商业情报收集与分析。

“知己知彼，百战不殆。”激烈的竞争时代，各品牌无不绞尽脑汁全方位提升自升的销售竞争力，产品、价格、销售方式日新月异。同样，各品牌还须千方百计了解竞争对手的商业情报。

有心人会发现，在各大家电卖场、超市、百货商场活跃着一些神秘人士，他们秘密而高效率地抄录着竞争对手的最新推出的产品、价格、销售方式等有效情报。2012年8月发生京东商城挑战国美、苏宁时，掌门人就公开声称要派出身穿制服的价格情报员深入到对手的卖场抄价格。

竞争对手情报最终会传到千里之外的总部，总部的专职部门对这些情报进行分析后，快速调整商业决策，再传导到前场。除总部之外，作为销售一线的门店，无疑承担了收集市场情报的重要责任。店长应系统地建立商业情报收集机制，即时了解竞争品牌产品、服务、价格等因素，以

“变”应“变”，保持自身品牌和门店的竞争优势（见表6－2）。

表6－2　新品上市调查表

新品上市调查表																			
款号	调查店数	购买原因								不买原因									
		款式			搭配方便	版型合身	喜欢款式	喜欢颜色	面料品质好	款式			搭配不方便	版型不合身	款式不喜欢	颜色		面料	
		前卫	时尚	简单						前卫	大众	落伍				偏淡	偏暗	一般	差
50113	2	1	2		1			3	1				1						
50120	1										2		2	2					
50122	1		1					1							1		1		
50123	1						1												
50125	1			1															
50126	5	1			1		1	1	1										
52771	1						1								1				
54002	1			1	1		1	1	1										
55002	2				2							1							
55004	5		2	2	2		5	3			6	1	1		26	8		7	3
63001	1		1																

2. 商圈特征分析

店长要定期分析商圈特征与卖场营业关系。

商圈特征并非一成不变。近年来，除互联网技术给商业零售业态造成巨大变化之外，我国城市发展速度非常快，房地产的发展，私家车、地铁等交通的变化会无形中改变商圈特征，原先繁华的变得相对冷落，原先不起眼的地段在不知不觉间变得车水马龙。销售管理的一个重要环节就是要定期分析商圈特征，敏锐捕捉商圈细微变化，未雨绸缪，及时调整门店经营定位、经营策略及经营方式。

3. 商圈关系维护

与媒体和政府保持良好的公共关系不仅是总部公共关系部的事情，更是门店营业团队的事情，因为所有危机大部分都是事发于门店，总部根本来不及作出适当反应，如果门店团队在第一时间处置不当，往往会因小失大，小事变大事，甚至酿成品牌声誉和财产的巨大损失。

一个好的店长，必须拥有良好的商圈关系，包括与政府管理部门、媒体、商圈内同行等，以及时获得具有价值的商业情报，寻找商圈策略结盟、新商圈开发的良性机会。或在总部授权范围内，妥善处理危机。

4. 客户资料建立与联系

我们经常看到有些门店（特别是餐饮类）开张时生意兴隆，顾客爆棚，这不见得是好事情，顺风顺水很容易滋生傲慢之心，导致品质下降、怠慢顾客，生意越做越差，最后难以收拾。因此，做生意最不可急功近利，目光短浅。

维护好一个老顾客的成本远比创造一个新顾客低得多。始终用心服务好顾客、有心收集好客户信息（客户资料的建立）是顾客关系管理的重要基础。我们可以利用客户资料，即客户信息数据库，分析顾客的消费能力、消费习惯、消费时间等，以便决策出服务顾客的最佳模式。

我们还可以利用客户资料，经常问候顾客，维护与顾客的关系。当然，不同行业的客户资料建立模式也是不尽相同的，银行、通信、汽车、旅馆、服装等“被选择”程度相对大的行业，往往通过 VIP 卡来建立客户资料，以达到“新品上市欢迎来看看”或“祝你生日快乐请你不要忘了我”的客户关系维护目的。于餐饮业特别是快餐系统而言，客户资料建立更着眼于经过门店人流量、进入门店人流量、客单价这些数据的统计，还有那些经常光顾的老顾客，可以向他们征求对门店产品与服务的意见、建议，给予他们适当的赠券或小礼品，与之保持长期的、有价值的客户关系。

5. 说清“我是谁”

日本有个叫札幌啤酒的公司招人，应聘者众，在门外排着长队，一日，轮到一个男人进入了人事部门的面试室，他穿着有些邋遢，留着络腮胡子。面对着一排考官，他既不打招呼，也不无笑容。主考官有些不悦，但忍住了没有发作。主考官问他姓什么叫什么、从哪里来、所从事过的工作经历等，无论考官问什么，那个男子就是一言不发。考官终于失去了耐心，判定他是一个神经不太正常的人，让他离开面试室。男子从椅子上站起来，笔直地盯着考官们，大声喊出：“男子汉沉默，札幌啤酒！”天哪，这不是札幌啤酒一直在苦苦寻找的广告词吗？沉寂了几秒钟后，面试室内响起了考官们的掌声。这个男人被录取了，以他特别的、与众不同的面试方式。

定位是一个品牌与其他品牌的区分，它表明了“我是谁？我与你有何不同？”麦当劳擅长汉堡，肯德基以“烹鸡专家”立足，真功夫是中式快餐，李宁做运动品牌，佰草集以本草类化妆品攻占市场，可口可乐卖碳酸饮料……因为定位准确而发展起来的品牌众多，不一而足。

产品细分的时代，更需明确定位，找准自己最擅长的，专心做深做透，才能从众多商品中脱颖而出。反之，今天做这样，明天卖那样，从皮鞋卖到大衣，从薯条卖到油条，你的面孔太模糊了，消费者记不住你！

连锁门店或者是单体店，都面临着同样的问题：定位！弄清你是谁、你擅长什么、谁是你的顾客、你的顾客最需要什么、你向他们提供什么，你和竞争品牌究竟有什么不同。做到了，消费者就会在茫茫人海中牢牢记住你。

■ 营业活动管理

零售业、服务业的特点是天天开门营业，365 日从不间断。门店营业活动管理实际上是门店作业流程管理，要求做到“有条有理、井然有序”。

1. 开店准备

开门是一天的开始，一个好的开头带来可以带来一天的“好事连连”。

2. 清洁清扫

带着员工进行门店清洁卫生，一个干净整洁的营业空间本身就是“好风水”。藏污纳垢之处，人气不到，财气更不到。更加重要的是，营业的一天从清洁卫生做起，员工可以活动筋骨，一整天都会精神焕发。

3. 商品陈列

美观有序、摆放整齐是商品陈列的基本要求，巧妙布置商品可以带来客单价的提升。

4. 促销活动

举办促销活动不可心血来潮，生意一落千丈时再想着促销，其行必乱，其果必差。正确的做法是根据销售目标和商品特征，制定年、季、月、周的促销计划，然后依计划准备促销用品，并实施促销活动。

5. 卖场巡控

不管是几十平方的专卖店，还是上千平方的大卖场，记住，店长不是坐在办公室指挥的，店长的岗位就在现场，在现场，你才能对员工、顾客、商品、空间等要素了如指掌，发现问题才能解决问题。

6. 待客应对

经营顾客始终是门店的第一要务，倾听顾客的需求、抱怨、投诉，让门店团队更好地服务顾客，店长与顾客的直接沟通，可以让顾客更加有“被重视”的感觉。

7. 营业结束

送走当天的最后一名顾客后，就是一天的总结了，总结一天辛苦下来的“得”与“失”，包括盘点结账、向总部发送销售数据，做店长日记等，为明日晨会做好准备。

■ 财务管理

1. 收银管理

店长必须依照公司门店财务管理流程与规范训练收银员的工作，熟练、准确地执行收银、输单、找零结算等手续，防止因业务生疏或者粗心大意导致的收银错误，造成财务损失或顾客埋怨。

2. 现金管理

严格依照总部规定盘点现金，在规定的时间内、遵照安全规范将现金存入公司银行账户，禁止现金在门店或在员工身上过夜，以避免不安全事情的发生。

3. 账务管理

账务管理就是收入与支出的管理，收入就是通常所说的营业收入，支出主要包括门店租金、员工工资福利、日常各项开支等，具体课目视公司总部授予门店的财务自主权。作为店长，做到门店财务账目准确清楚，与公司规定的财务制度相符。

■ 营业安全管理

营业安全管理是指门店在营业时间的安全管理，具体包括：

（1）消防设施保障与保养。

（2）商品防损措施的健全和完善。

（3）营业场所的设备正常使用。

（4）紧急情况下应急处理措施完备。

（5）门店内部及外部的安全隐患防范。

另外，要对员工、顾客的异常情绪、精神、态度及时处理；确保员工作业方式符合安全标准，杜绝错误作业方式导致危险；及时排除门店对人身安全有潜在威胁的设施、陈列、装修等。

■ 案例管理

案例收集是指在门店管理过程中，持续地、有系统地总结管理心得，形成更加完善的管理方法和制度的行为。麦当劳的管理手册严谨、周密、洋洋洒洒厚达好几百页，令人叹为观止。但是，你知道吗？麦当劳最初成立的时候，所谓管理制度还不到两页纸。

学习是终身的过程，在工作过程中的学习是最有效的学习，“纸上得来终觉浅。”无论你读什么商学院，看什么管理书籍，无论公司管理制度多么完善，培训是多么充分，你和你的员工仍然会犯错，很多时候甚至是低级的错误。犯错不可怕，可怕的犯错后不思考、不总结。避免这些的方法是：把每一个错误记录下来，无论是你，或者是你的员工所犯，和你的员工一起，寻找犯错的原因。

日积月累，你会成为一个出色的管理专家！

■ 报表管理

（1）培养建立报表的习惯。

（2）利用数字找出并解决问题。

（3）调整心态，填表不是增加麻烦，而是帮助你更科学严谨地作出决策。

（4）活用数字分析，将营业成果转换为可以比较，可以改善的信息。

（5）多利用图形分析报表，好看、好记、好表达。

（6）报表要建档，保存一定年限，异动时列为移交项目。

■ 商品促销管理

推销是厂家生产什么就向顾客推销什么，营销是根据消费者的需求而研发制造产品。促销是市场营销组合元素之一。促销策略是通过人员推销、广告、公共关系和营业推广等组合方式，向市场传递产品信息，引起消费者关注，激发其购买欲望和购买行为，以达到扩大销售的目的。

促销的方式有人员推销和大众传播（广告、公共关系、营销推广、产品目录、通告、赠品、店标、陈列、示范、展销等）两种。

1. 常用促销策略

（1）直接折价促销：直接折价的效果非常有效，消费者可以立刻感觉到享受了优惠，产生购买行为。直接折价促销的方法一般有直接减价、满减、折扣代金券等。

（2）变相折价促销：价格不变，或只是象征性加价的前提下，提高品质或增加数量，让消费者获得优惠，感到物有所值。

（3）赠品促销：新产品上市，往往会使用赠品促销手段、产品升级、对抗竞争品牌、开发新市场也有很不错的效果。

（4）积分促销：积分促销是根据消费的消费次数、金额记录而给予消费者回馈的行为，回馈的方式可以是赠品、购买折扣、旅游等奖励刺激。

（5）假日促销：节假日促销是商家常见的促销手段，节假日促销可根据一年中的重大节假日来策划促销方案。

（6）事件促销：事件促销是指利用公司或社会重大事件来制造促销由头的方式，事件的选择必须是正面的，对品牌传播取到正面、积极影响。

2. 促销策划须知

（1）将促销活动形态组合运用，创造话题。

（2）促销设计要让消费者享受到真正的实惠，从而增强品牌的美誉度。

（3）赠品促销不要把积压货品、残次货品拿出来作为赠品，这样只会搬起石头砸自己的脚。

（4）促销目的必须明确，促销策略也须选择适能够吸引消费者的产品或服务，以达到最佳效果。

（5）选择最佳促销时间和时机，达到最佳效果。

（6）促销策略与整体营业目标关联，事先周全的预算与计划必不可少，但要想使促销活动达到良好的效果，必须事先进行市场分析、竞争对手分析网络上活动实施的可行性分析，与整体营销计划结合，创意地组织实施促销活动，使促销活动新奇、富有销售力和影响力。

3. 促销效果检查

销售促销从计划、实施、效果检查是一个完整的过程（见表6－1、表6－2）。

表 6-1 促销目标达成效果检测法

检测节点	检测节点计算公式
当期业绩增长率	业绩成长率（去年同比）$=\frac{\overset{本年}{本期业绩}-\overset{去年}{本期业绩}}{去年本期业绩}\times100\%$ 业绩成长率（促销前后）$=\frac{促销后当月业绩}{促销前当月业绩}\times100\%$
来客数增长率	来客数增长率 $=\frac{今年本期顾客人数}{去年本期顾客人数}\times100\%$
客单价增长率	客单价 $=\frac{促销后当月业绩}{今年本期顾客人数}$ 客单价增长率 $=\frac{促销前顾客消费单价}{促销后顾客消费单价}\times100\%$
会员增长率	会员增长率 $=\frac{\overset{促销后}{会员数}-\overset{促销前}{会员数}}{促销前会员数}\times100\%$
促销成本比率	促销成本比率 $=\frac{促销总费用}{促销期间业绩}\times100\%$ 注：促销费用包括：赠品费、传播媒体费、制作费、印刷费、DM 派送费用、场地费等。
促销边际贡献率（毛利润）	边际贡献率 $=\frac{促销后业绩-促销费用}{促销后业绩}\times100\%$
广宣效率	
	广宣效率 $=\frac{广宣后来电人数}{当期总来电人数}\times100\%$
销售效率	销售效率 $=\frac{从广告/新闻稿知道公司后来店消费之人数}{当期总来店人数}\times100\%$

表 6－2 促销成效检核表

填表负责人：		填表日期：				
审核负责人：		审核日期：				
项目	事　项	评 估 标 准 分 数				
A	企划目标的达成效益					
1	公司总业绩增长比率，达到	≦10% －2	＞10% －1	＞15% 0	＞25% ＋1	≧30% ＋2
2	平均每家店之来店客数增长率，达到	≦100% －2	＞100% －1	＞115% 0	＞125% ＋1	≧130% ＋2
3	平均每位顾客的消费单价增长比率，达到	≦10% －2	＞10% －1	＞20% 0	＞26% ＋1	≧30% ＋2
4	平均每家店中会员的增长比率，达到	≦50% －2	＞50% －1	＞65% 0	＞75% ＋1	≧95% ＋2
B	促销成本评估					
5	促销期所花费之总成本的开销比率，达到	＋10% －2	＋5% －1	0% 0	－5% ＋1	－10% ＋2
6	促销活动的边际贡献率，达到	≦5% －2	＞5% －1	＞10% 0	＞15% ＋1	≧20% ＋2
C	广告、媒体成效评估					
7	顾客对广告的认知/印象的增长比率，达到	≧－5% －2	－5% －1	0% 0	＋5% ＋1	≦＋5% ＋2
8	顾客从广告/新闻稿中知道公司并有来电洽询的比率，达到	≦60% －2	＞60% －1	＞70% 0	＞80% ＋1	≦90% ＋2
9	顾客从广告/新闻稿中知道公司并来店消费的比率，达到	≦50% －2	＞50% －1	＞60% 0	＞70% ＋1	≦80% ＋2
总　计						
总计	非常优秀 15 点以上	优秀 9～14 点	仍须努力 0～8 点	必须改进 －1～－8 点	大力改进 －8 点以下	

问题检讨：

（1）本期销售额增长率（去年同比）=（本期销售额－去年同期销售额）/去年同期销售额×100%

（2）本期销售额增长率（上期环比）=（本期销售额－上期销售额）/上期销售额×100%

（3）来客数增长率（去年同比）=（本期来客人数－去年同期来客人数）/去年同期来客人数×100%

（4）客单价增长率（去年同比）=（本期销售额/本期来客人数－去年同期销售额/去年同期来客人数）/（去年同期销售额/去年同期来客人数）

（5）会员数（VIP）增长率=（本期会员人数－去年同期会员人数）/去年同期会员人数×100%

（6）促销成本比率=促销期间成本/促销期间销售额×100%

（7）促销边际贡献率（毛利润）=（促销后销售收入－促销后销售成本）/促销后销售收入×100%

■ 门店营运信息管理

1. 用数据说营业

数字是枯燥的，没有任何色彩，但恰恰是最能说明本质的。

店长对门店的各种主要营业数据应该熟记于心，分析营业状况时，不要用充满感情色彩的语言来形容，要用数字、用报表说话。

店长要记住你的门店各项成本费用（见表6－3），要知道你得做多少生意才能达到盈亏平衡点。

表 6-3 门店费用标准清单

费用名称	核定标准	一月	二月	三月	四月	五月	六月	七月	八月	九月	十月	十一月	十二月
国 税													
地 税													
工商管理费													
门店电话费													
门店水费													
门店电费													
员工工资													
门店房租													
员工宿舍房租													
仓库房租													
治安管理													
宽带月租费													
招待费													
出差费													
物流费													
物管费													
银行手续费													
维修费													
自行车管理													
签字笔													
硬面抄													
计算器用电池													
验钞机用灯管													
复写纸													
橡皮筋													
胶 带													
封箱胶带													
标价牌													
文件夹													
订书机													
橡 皮													
回形针													
大头针													

续表

费用名称	核定标准	一月	二月	三月	四月	五月	六月	七月	八月	九月	十月	十一月	十二月
肥　皂													
抹　布													
扫　帚													
簸　箕													
拖　把													
水　桶													
盆													
锁													
刷　子													
玻璃清洁剂													
玻璃刮刷													
洗衣粉													
纸　篓													
杀虫剂													
垃圾袋													
报　刊													
小额邮资													
小额传真													
复　印													
插　座													
公共费用													
其他销售费用													
其他清洁费用													
其他杂费													

2. 店长常用经营数据

（1）销售计划（年、季、月、周、日）及与之对应的实际营收。

（2）门店面积、人流量、进店客人数量。

（3）平均客单价。

（4）单位面积产生的平均销售额（坪效）。

（5）单位员工产生的平均销售额（劳效）。

（6）商品结构。

（7）单品销售贡献率。

（8）进货计划、库存、库存周转率。

（9）店面陈列品种与数量。

（10）经营的各项固定成本、变动成本、盈亏平衡点。

（11）利润率。

■ 考核管理

1. 考核的原则

考核，顾名思义是考查核实的意思，考查的对象是全体员工，核实其是否遵守了各项管理制度、是否完成了各项经营指标。考核是管理的重要手段之一，没有考核，你无法区分谁干得好，谁干得不好。考核表示了一种管理导向，人，你考核他什么，他就表现什么。考核内容可分成两大类别，一种是规章制度遵守考核，一种是各项经营指标考核。考核首先要确定一个标准，作为分析和考察员工的尺度，标准的制订必须以客观现实为依据，清晰、准确、可量化、可实现。

2. 考核时间与频率

（1）考核的时间与频率根据门店管理实际需要而定，时间跨度过于漫长则员工感受不到激励，考核过于频繁则导致管理成本上升。

（2）一般情况下，年度指标年考，季度指标季考，月度指标月考，周指标周考。

（3）考核基础数据由门店完成，报上级管理部门审核，通常情况上考核会受到上级人力资源部门的督导。

3. 考绩的内容与占比

考勤（20%）；行为规范（20%）；作业流程与标准（20%）；业绩达

标率（40%）。

4. 考核成绩分类

门店员工入职之时就应进入考核序列，考核是员工晋级的重要依据，员工为企业服务的全过程都伴随着考核（见表6－4、表6－5、表6－6、表6－7）。

表6－4　考核奖惩

类别	A	B	C	D	E
分数	100～90	89～80	79～70	69～60	60以下
奖惩	特别奖励	升二级	升一级	维持原级	降一级

表6－5　考绩

1	大功（过）	加（减）	考绩9分
2	小功（过）	加（减）	考绩3分
3	嘉奖（警告）	加（减）	考绩1分

表6－6　考勤

1	事假每天扣0.5分
2	病假超过规定天数每天扣0.25分
3	迟到、早退每天扣0.25分
4	旷职每日扣2分，每小时扣0.25分，不足一小时以一小时计

表6－7　考绩最高限额规定

项目/人数别	10人以下店	10～20人店	20人以上
A级	最多1人	最多2人	最多5人
B级	最多2人	最多3人	最多8人
其他	不限	不限	不限

注：当营业总业绩破业绩目标150%时可视情况调整变动考绩限制一级。

5. 什么样的人需要激励

员工奖励可分为晋升、奖金、记大功、记小功、嘉奖等五种。一个合格团队领袖的任务是打造一个好的平台，通过“赛马”和“奖马”，想方设法让人才脱颖而出。

（1）对公司经营有特殊功绩者。

（2）向公司献计献策，经采纳实行有特殊成效者。

（3）业绩优异、成长快速、指标完成率高者。

（4）对于舞弊或对危害本公司权益的坏人坏事，能事先举发或防止，而使公司减免损失者。

（5）遇到突发事件，采取措施应付得当，或奋勇救护得以保全人身安全或公物者。

（6）研究改善各项业务运作有特殊功效者。

（7）持续培养输出人才者。

（8）敬业、忠诚、认真、勤劳服务者。

（9）服从公司需要，为开辟新市场做出贡献者。

6. 什么样的人需要负激励

负激励就是惩戒的意思，激励和负激励都是成就员工的手段，目的是驱使员工往正确的方向努力，两者相辅相成，缺一不可。负激励一般可分为免职、违约金（通常叫罚款）、记大过、记小过、警告五种。

负激励一般可采用“积分”制，三次小的就合并一次大的，层层递进，比如，三次警告合并一次小过，三次小过合同一次大过，三次大过合并免职（依劳动合同法辞退）。

7. 过失行为

（1）属于免职的重大过失行为。

①旷工一日以上。

②煽动或参与打架闹事。

③严重的过失造成公司财物的损失。

④任何盗窃、贪污、营私舞弊的行为。

⑤因自身过失（服务恶劣等）与客人冲突，造成恶劣影响者。

⑥自己或煽动他人阻碍及破坏工作。

⑦威胁、恐吓、危害他人的人身安全或造成公司财物的破坏。

⑧泄漏公司营业情报等商业机密。

⑨伪造、窜改或毁灭公司的文件记录。

⑩触犯法律。

⑪其他未列出之过错但产生严重后果的。

（2）属于中度过失的处分。

①无故旷工半日（含半日至一日）。

②商品无手续借予他人。

③销售商品不按规定价格收费。

④工作时间内饮酒或带有醉意。

⑤违反作业流程与标准，给公司造成损失。

⑥遗失公司重要文件和财务，但损失不大的。

⑦因工作疏忽，导致不良后果但不严重的。

⑧弄虚作假但未造成严重后果的。

⑨未遵守作业流程标准或消极工作，影响工作进度的。

⑩不服从上司管理。

⑪在团队中拨弄事非、制造矛盾的。

⑫服务不良导致顾客投诉的。

⑬未依规定做好安全规范者。

⑭在禁止吸烟的地点抽烟。

⑮在门店内参与任何形式的赌博，包括非金钱的赌博。

（3）属于轻微过失的处分。

①仪容仪表不规范。

②私自调班，迟到早退。

③工作失职，情节尚属轻微者。

④闲聊、唱歌、嬉戏、手机、玩游戏、私接访客等与工作无关行为。

⑤因管理失职，员工犯错导致轻微损失的。

⑥对同事出言不逊，有失礼貌者的。

⑦私用公司物品，价值不大的。

⑧服务态度欠佳，或违反服务规范的。

⑨工作状态差，站立姿势不佳。

⑩违反门店作业流程与标准，未造成不良后果的。

⑪犯有其他违纪行为。

例：一个服装专卖店的全天营业流程（参照店铺作息时间8：30～21：00，如图6－1、图6－2）

8：15～8：30

①打开店铺。

②开启部分设备，如筒灯、电脑、空调。

③整理个人仪容仪表。（参照员工仪容、仪表、仪态规范）

穿着——工衣、工裙、工鞋、工号牌、佩物。

妆容——淡妆、适量香水。

④收银员——查看电脑，了解前一天的销售情况。

做出销售分析。

做天气信息。

发送销售日报。

⑤仓务组——查阅——库存本、补货本、次货本、维修登记本。

统计前一工作日所售货品情况。

8：30～8：45

①落实、检查卫生——地面、层板、货架、展板、墙壁、筒灯、收银台、橱窗、模特、试衣间、玻璃、镜子、门前走廊、空调、饰挂画、标识、后仓、卫生用具。（参照商业空间环境清洁管理规范）

②仓务组——全面补货。保证挂样整齐与出模规范。

③领班——准备晨会内容。

8：45～9：00（晨会）主持人为店长或领班

①检查员工仪表、仪容。

②介绍新人。（若无可跳过）

③收银员——汇报上一工作日的销售情况。

④仓务组——分析货品畅销、缺货情况。

⑤货场分析——总结前一天的优劣，分析原因，拟定本日工作重点，拟定工作方法。

⑥区域分配。

⑦拟定目标，鼓励士气。

9：00（开门营业）

①检查工作。

营运设备——灯光、音乐、空调、打印机、电话、麦克风、香水、验钞机、计算机、模特、物价牌。

收银——备用金。

上一工作日营业款。

零钱。

货品——小仓库存、退货、次货。

调货单、来货单、退货单准确度。

货品摆位。(参照商品陈列规范)

②现场跟进。

收银员——程序正确。

操作规范。

广播工作——及时、丰富、感染力强。

收银速度——一分钟收银，三秒钟回位。

配合性——协助仓务补货、督促衣架还原。

仓务组(参照物流管理规范)

补货及时、速度快。

后仓货品整齐、库存本准确。

及时处理退货、次货、污货。

试衣跟进——服务热情、主动。

服务技巧：附加推销；耐磨、兼顾；分流顾客及货品。

货场同事——打招呼。(参照门店应对顾客语言标准)

货品介绍。(参照产品知识手册)

区域之间：呼应(音量、完整、有呼有应、礼貌用语)、定位、配合(互帮互助)、速度。

11:00 安排早班就餐(30分钟之内)，调整区域。

14:45~15:00 主持晚班例会。(与晨会程序一致)

15:00~15:15

①早、晚班交接(如有大量顾客，可推后再交接)。

②核对小票，电脑，现金完全吻合。

③打印交接单，并核对，收银员与店长签字。

④收银同事登记清机本。

⑤与晚班交接备用金。

⑥储存营业款并核对、签字

15：15～15：30

落实、检查早班卫生工作。（同营业前）

15：30～15：35

主持班后会——告之销售、分析原因。

总结货场、作出分析。

肯定成绩，鼓励士气。

17：00

安排晚班就餐、调整区域。

19：00～20：00

①仓务—向公司进行补货。（根据库存、售量、节候）

②店长或领班——核实补货内容。

开填补货单并发送。

20：00～20：30　安排卫生。（除地面以外）

20：50～21：00　晚班交接。（程序与早班一致）

21：00（打烊）

①打扫地面卫生。

②检查晚班卫生。（包括垃圾、小仓、前场）

③主持晚班班后会。

④离店锁门。

⑤检查员工包裹。

⑥检查水、电、现金、门锁，确保安全。

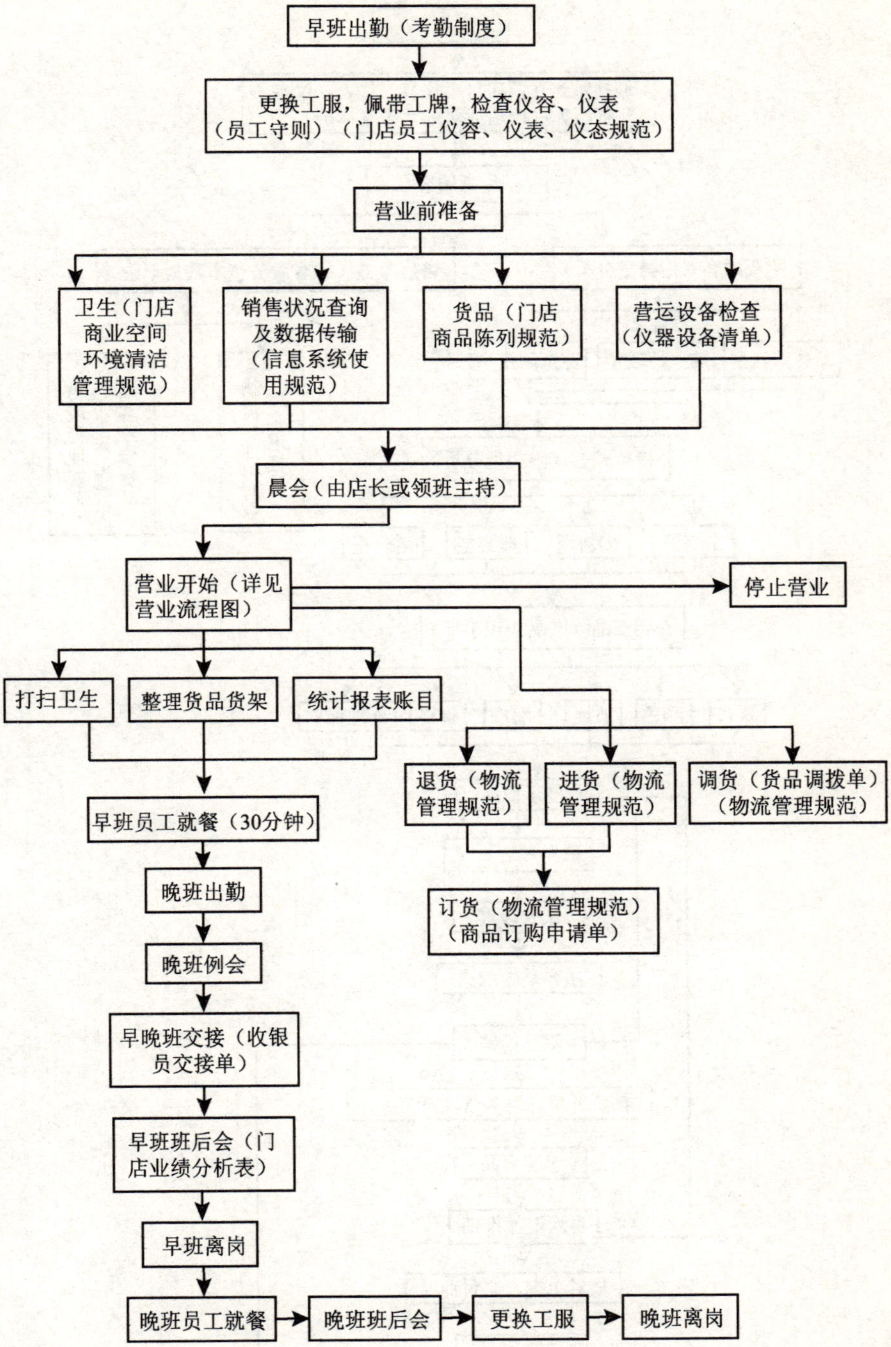
早班出勤（考勤制度）
更换工服，佩带工牌，检查仪容、仪表
（员工守则）（门店员工仪容、仪表、仪态规范）
营业前准备
卫生（门店商业空间环境清洁管理规范）
销售状况查询及数据传输（信息系统使用规范）
货品（门店商品陈列规范）
营运设备检查（仪器设备清单）
晨会（由店长或领班主持）
营业开始（详见营业流程图）
停止营业
打扫卫生
整理货品货架
统计报表账目
退货（物流管理规范）
进货（物流管理规范）
调货（货品调拨单）（物流管理规范）
订货（物流管理规范）（商品订购申请单）
早班员工就餐（30分钟）
晚班出勤
晚班例会
早晚班交接（收银员交接单）
早班班后会（门店业绩分析表）
早班离岗
晚班员工就餐
晚班班后会
更换工服
晚班离岗

图6-1　营业出勤流程

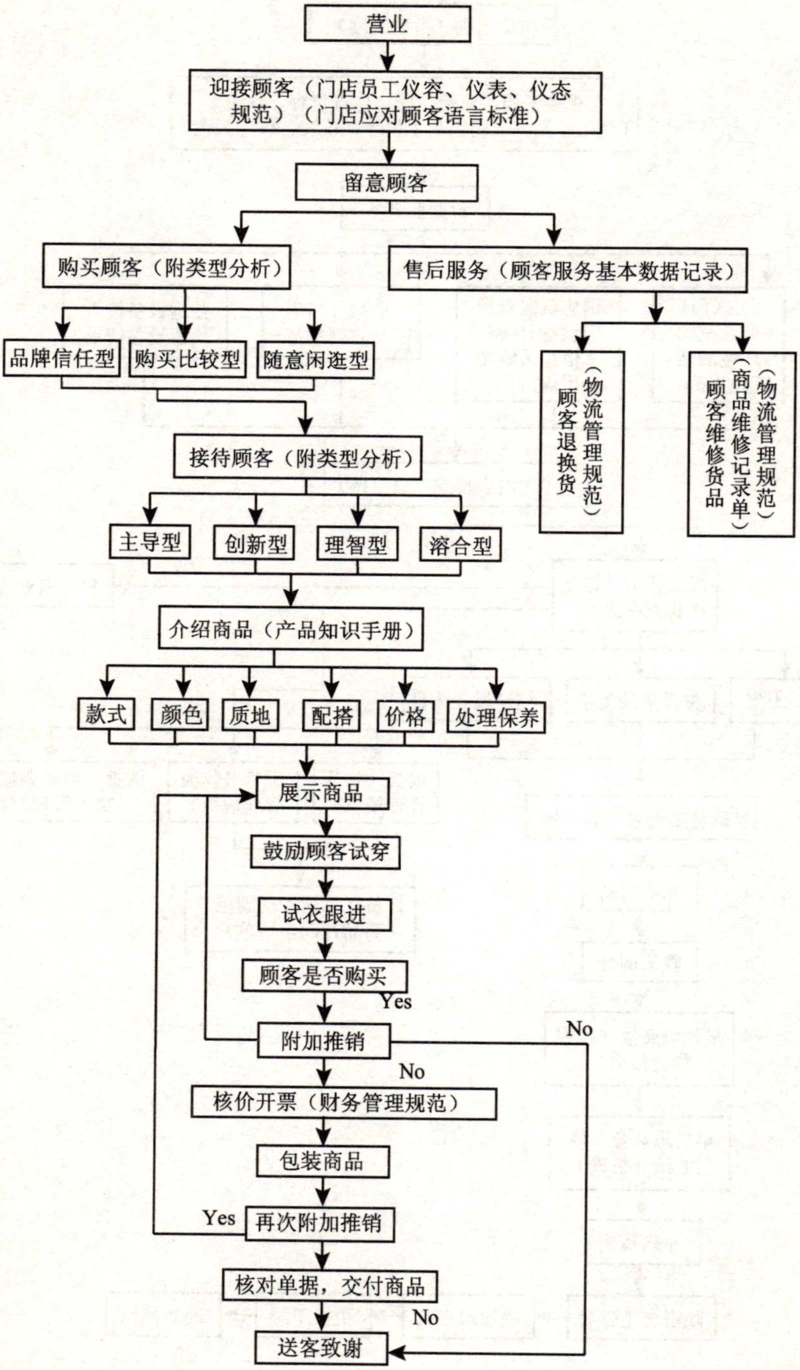
营业
迎接顾客（门店员工仪容、仪表、仪态规范）（门店应对顾客语言标准）
留意顾客
购买顾客（附类型分析）
售后服务（顾客服务基本数据记录）
品牌信任型
购买比较型
随意闲逛型
顾客退换货（物流管理规范）
顾客维修货品（商品维修记录单）（物流管理规范）
接待顾客（附类型分析）
主导型
创新型
理智型
溶合型
介绍商品（产品知识手册）
款式
颜色
质地
配搭
价格
处理保养
展示商品
鼓励顾客试穿
试衣跟进
顾客是否购买
Yes
No
附加推销
No
核价开票（财务管理规范）
包装商品
Yes
再次附加推销
核对单据，交付商品
No
送客致谢

图6－2　服务顾客流程

■ 安全管理

1. 消防安全管理

（1）通过培训树立消防意识。

（2）大门应保持畅通。

（3）按消防规定设置灭火器，依消防规定于各店明显处，设置符合消防标准的灭火器，并定期检查。

（4）控烟场禁止吸烟，即使顾客，也须婉言相劝。

（5）每天检验插座、插头是否脱落损坏。

（6）所有员工熟悉总电源开关及灭火器位置。

（7）熟记火警电话、公司紧急联络电话。

（8）定期（每半年一次）实施消防演习（含灭火器使用）。

（9）禁止私拉乱接及使用大功率电器的行为。

《论语》里有这样一段："厩焚。子退朝，曰：'伤人乎?'不问马。"意思是说：孔子退朝，得知马厩被烧了，只问了一句"是否伤人"，但并"不问马"。说明孔子关心的是人的生命，而不是当时作为生产交通工具的马匹。

如果营业场所发生紧急事件，首要原则永远是把人的生命放在第一位！记住，人没事，就是万幸！

2. 危险状况处理

（1）人身安全为第一原则，以疏散所有人员为第一优先。

（2）不危及人身安全的情况下，切除电源开关。

（3）及时使用灭火器灭火。

（4）火灾不能消除情况下，紧急打火警电话。

（5）在确保生命安全的情况下，优先抢救现金、电脑、收银机等重要物品及资料。

3. 防损管理

（1）店内安装监控设备，或防盗门禁。

（2）保持警觉，注意可疑之人，员工巡视卖场、整理物品、和顾客打招呼等，以良好的服务使店内有盗窃企图的人没有机会。

（3）遵守现金管理制度，每日存入指定银行。

4. 偷盗嫌疑处理

（1）确认有偷窃企图的，在当事人离店之时，员工须礼貌拦阻，提醒他买单后才可离开门店。

（2）如有争执，可有礼貌邀请其至办公室内处理。

（3）如认错，收回被偷之物品即可，如事态严重（吵闹、威胁、有暴力行为），可报警。

5. 设备管理

（1）收银机（电脑）。

①设备需依规定正常操作。

②营业时间内不得关掉电源。

（2）音响。

①现场音量执行总部标准，不得任意变更音量大小。

②播放内容按总部规定操作，不得自行处理。

③音响管理最好由专门人员负责，如无专门人员，须对员工培训音响管理制度。

（3）空调。

①按规定方式操作（视各厂牌、型号之手册而定）。

②定期维修保养，注意，空调机过滤网久不清洗会导到积尘堵塞，严重影响空调效果，所以，每周必须清理一次。

（4）照明。

①按商业空间灯光作业规范开启各类灯光。

②如射灯一类的，务必要使射灯角度调整到位，确保灯光效果。

③定期维护保养，保证所有照明光源的正常使用。

④如遇灯光损坏，一定要由具备电工操作资格的人员修理或更换。

（5）消防器材。

①消防设备及时年检，注意使用有效期。

②确保员工能正确使用消防器材。

（6）电源。

①营业结束后应关掉各种电源开关。

②总电源（开关箱）应标明分开关所控制的电源。

③如有跳闸现象应及时请电工检查处理开关、电路、电源。

6. 设备故障管理

直营店和加盟店的故障处理方式并不相同，以下分别说明。

（1）直营店设备故障。

平常故障流程（如图6－3）：

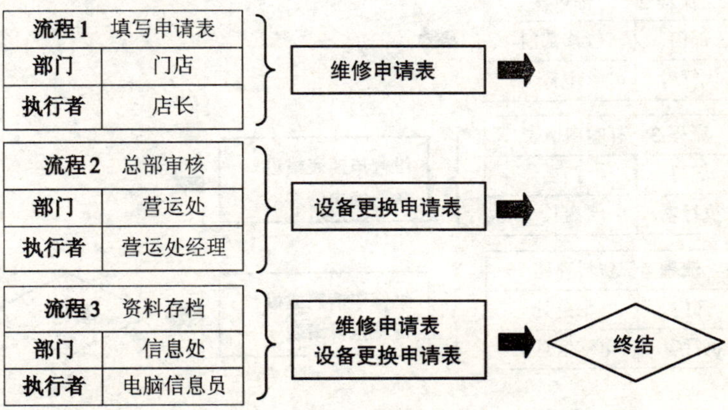

图6－3 平常故障流程

紧急故障流程（如图6－4）：

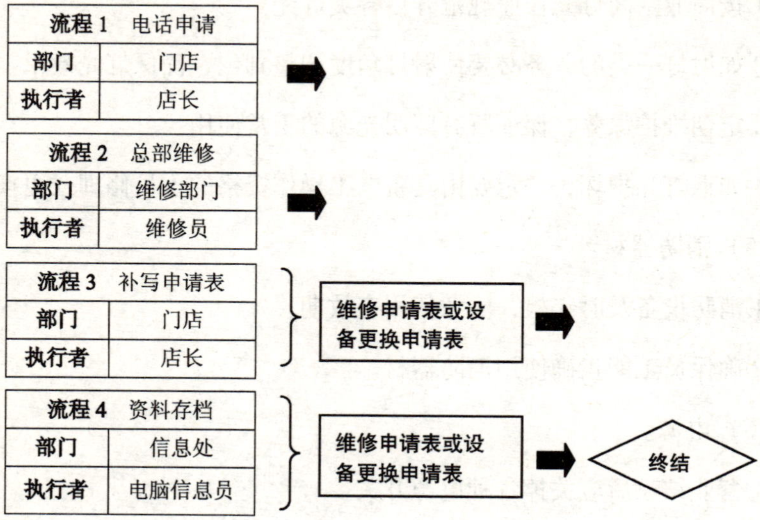

图6－4 紧急故障流程

外地直营店故障流程（如图6－5）：

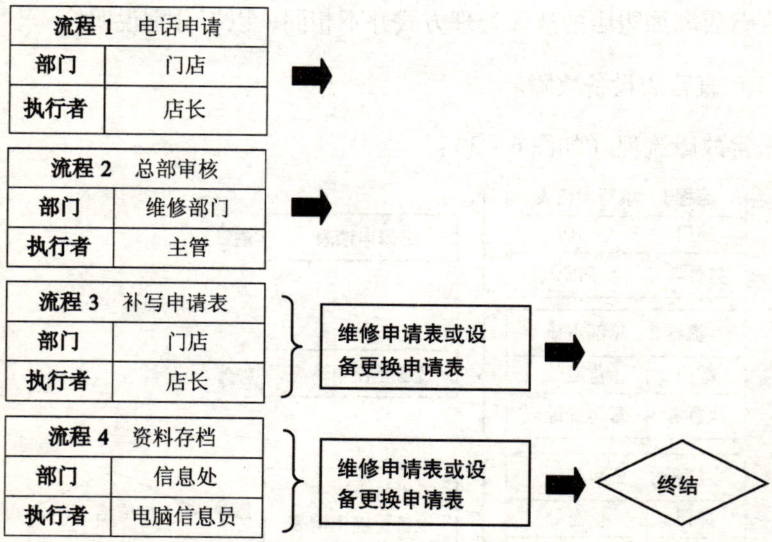

图6－5 外地直营店故障流程

（2）加盟店设备故障。

①除 CIS 系统（企业形象识别系统）外，加盟主自行维修。

②CIS 系统维修（如图 6－6）。

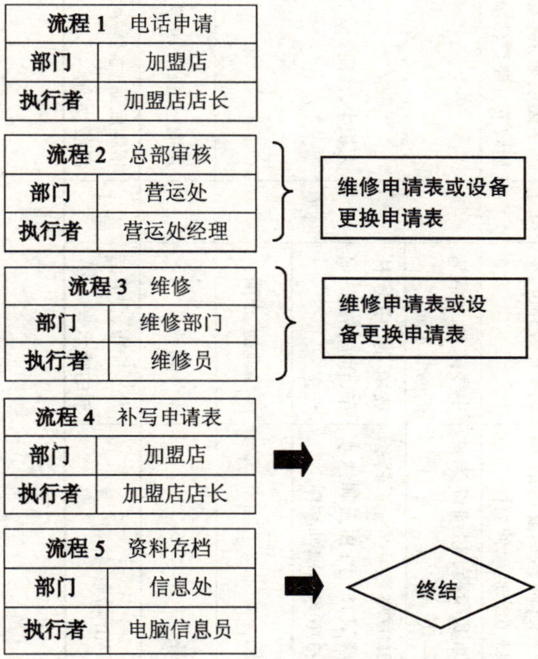

图 6－6　CIS 系统维修

■ 清洁卫生管理

整洁管理分清洁与收纳两大部分，清洁和收纳可以使商业空间看起来整齐有序（见表 6－8）。

“扫地不扫边，要扫一千遍。”角落清洁不到位不算干净，因为边角的垃圾会污染已经清洁的部位。

“抹布不拧干，做了也白干。”你知道为什么吗？拖地之后，一踩就会出现脏脏的脚印？湿漉漉的抹布、拖把只是把脏灰搬了家，并没有通过拧干→拖地→清洗的程序把脏灰彻底除净。

表6-8 商业空间清洁卫生手册

商业空间清洁卫生手册								
区域	名称	材质	作业方式	标准工具配备	清洁工具	频率	清洁标准	违罚（元）
街边店门面	招牌	玻璃、立体字、亚克力	水冲、专业工具擦抹	白云牌抹水器；960ML喷瓶一个；不锈钢玻璃刮18寸；3.6米玻璃伸缩杆	此项作业外包	每月	招牌上部无积尘；招牌立面、立体字无明显灰尘、污渍、水渍；招牌下方筒灯洁净无积尘	300
	大门	不锈钢门框	喷水雾后用干净的抹布用力擦拭	960ML喷瓶；超细纤维抹布一块	中号抹布、含清洁剂的喷水壶	每天	无积尘、污渍	100
		玻璃	喷淋混有清洁剂的水雾后，用长柄玻璃刮刮干净	960ML喷瓶一个；不锈钢玻璃刮18寸；白云牌抹水器；3.6米玻璃伸缩杆	玻璃刮、中号抹布、含清洁剂的喷水壶			100
	入户台阶	地砖	洗净、拧干海绵地拖，拖拭清洁目标	拖把	海绵地拖、水桶			100
	门前公共区域	人行道砖/石材	用室外扫帚清扫	扫帚	室外扫帚		无纸、塑料袋、烟头等垃圾	100
商超店门面	招牌	铝塑板、水晶立体字	喷水雾后用干净的抹布用力擦拭	960ML喷瓶；抹布	大号抹布、含清洁剂的喷水壶	每月	招牌底面、立体字无明显灰尘、污渍、水渍	300

续表

商业空间清洁卫生手册

区域	名称	材质	作业方式	标准工具配备	清洁工具	频率	清洁标准	违罚（元）
街边店、商超门面	橱窗	玻璃	喷淋混有清洁剂的水雾后，用长柄玻璃刮刮干净	白云牌抹水器；960ML 喷瓶一个；不锈钢玻璃刮 18 寸；3.6 米玻璃伸缩杆	玻璃刮、中号抹布、含清洁剂的喷水壶	每月	招牌上部无积尘；招牌立面、立体字无明显灰尘、污渍、水渍；招牌下方筒灯洁净无积尘	300
		地台	用干净的湿抹布擦拭	抹布	大号抹布（水洗拧干）	每天	无积尘、污渍	50
		模特	用干净的湿抹布擦拭；擦刮痕用擦皮擦净	抹布、橡皮擦	中号抹布（水洗拧干）		头、脸、肩、脚各部位无积尘、污渍	50
		背景墙	用干净的尘刷轻轻扫除积尘	尘刷	尘刷（干透、洁净）	每月	无积尘、污渍	200
		照明灯	店长确认断电后，用干净的湿抹布擦拭	抹布	中号抹布（水洗拧干）	每月	无积尘、污渍	100
		道具	硬质平面使用干净抹布擦拭，软质材料用干净尘刷刷尘	抹布、尘刷	中号抹布（水洗拧干）；尘刷（干透、洁净）	每天	无积尘、污渍	50

续表

商业空间清洁卫生手册

区域	名称	材质	作业方式	标准工具配备	清洁工具	频率	清洁标准	违罚（元）
器架	AA柱货架	木质油漆立柱	用干净的湿抹布擦拭	抹布	大号抹布（水洗拧干）	每天	无积尘、污渍	10
		不锈钢挂架	喷水雾后用干净的抹布用力擦拭	960ML喷瓶、抹布	中号抹布、含清洁剂的喷水壶	每天	无积尘、污渍	10
		木质油漆层板	用干净的湿抹布擦拭	抹布	中号抹布（水洗拧干）	每天	无积尘、污渍	10
		木质地台	用干净的湿抹布擦拭	抹布	中号抹布（水洗拧干）	每天	无积尘、污渍	10
		木质油漆背板	用干净的湿抹布擦拭	抹布	中号抹布（水洗拧干）	每天	无积尘、污渍	10
		木质乳胶漆背板	用干净的尘刷轻轻扫除积尘。	尘刷	尘刷（干透、洁净）	每周	无积尘、污渍	50
	挂衣架	PVC	用干净的湿抹布擦拭	抹布	中号抹布（水洗拧干）	每次更衣	无积尘、污渍	10
	中岛架	不锈钢架、木质油漆地台	不锈钢架喷水雾后用干净的抹布用力擦拭；地台用干净的湿抹布擦拭	960ML喷瓶、抹布	中号抹布、含清洁剂的喷水壶	每天	无积尘、污渍	20
	配件墙	木质油漆板槽	用干净的湿抹布擦拭	抹布	中号抹布（水洗拧干）	每天	无积尘、污渍	20

续表

商业空间清洁卫生手册								
区域	名称	材质	作业方式	标准工具配备	清洁工具	频率	清洁标准	违罚（元）
地面	地板	木质地板/砖质地板	先用室内扫把清洁固体垃圾；然后用干净、拧干的海绵地拖用力清洁，每四平方米面积清洗拖把	扫把、拖把	室内扫帚；水桶；伸缩式自拧干海绵拖把	每天	无垃圾、积尘、污渍、明显的脚印	50
天花	天花板	木质乳胶漆顶板	用干净的尘刷轻轻扫除积尘	尘刷	尘刷（干透、洁净）	每月	无积尘、污渍	100
		嵌入式灯具	须两人同时操作，一人清洁，一人辅助：店长确认断电后；一人确认铝梯平稳并在一旁扶助；另一人登梯，站稳，用干净的湿抹布擦拭；擦拭时一手托住清洁目标，一手擦拭；身体不适、恐高者不得登高操作	铝梯、抹布	水桶、铝制梯、喷雾式清洁剂、中号抹布（水洗拧干）	每月	无积尘、污渍	100
		轨道灯（轨道与灯具）						100
		吊灯						100
		吸顶式空调						100
		POP 轨道						100

续表

商业空间清洁卫生手册								
区域	名称	材质	作业方式	标准工具配备	清洁工具	频率	清洁标准	违罚（元）
流水台（展台）	流水台	木质油漆台面	用干净的湿抹布擦拭	抹布	中号抹布（水洗拧干）	每天	无积尘、污渍	20
		不锈钢撑架	喷水雾后用干净的抹布用力擦拭	960ML 喷瓶、抹布	中号抹布、含清洁剂的喷水壶	每天	无积尘、污渍	20
	模特	PVC 油漆	用干净的湿抹布擦拭；擦刮痕用擦皮擦净	抹布、橡皮擦	中号抹布（水洗拧干）	每天	头、脸、肩、脚各部位无积尘、污渍	50
	告示牌	亚克力	用干净的湿抹布擦拭	抹布	中号抹布（水洗拧干）	每天	无积尘、污渍	10
收银	收银台	木质油漆台面	用干净的湿抹布擦拭	抹布	中号抹布（水洗拧干）	每天	无积尘、污渍	10
		玻璃板	先用干净的湿抹布擦拭，再用干抹布擦净	抹布	中号抹布（水洗拧干）	每天	无积尘、污渍、手指印	10
		亚克力立体字	用干净的湿抹布擦拭	抹布	中号抹布（水洗拧干）	每天	无积尘、污渍	10
		POS 机	先断电，再用干净的湿抹布擦拭	抹布	中号抹布（水洗拧干）	每天	无积尘、污渍	10
		验钞机			中号抹布（水洗拧干）	每天	无积尘、污渍	10
		搭配手册台式架	用干净的湿抹布擦拭	抹布	中号抹布（水洗拧干）	每天	无积尘、污渍	10

续表

商业空间清洁卫生手册

区域	名称	材质	作业方式	标准工具配备	清洁工具	频率	清洁标准	违罚（元）
试衣间	试衣间外	镜子	先用干净的湿抹布擦拭，再用干抹布擦净	抹布	中号抹布（水洗拧干）	每天	无积尘、污渍、手指印	50
		不锈钢包边	喷水雾后用干净的抹布用力擦拭	960ML 喷瓶、抹布	中号抹布、含清洁剂的喷水壶	每天	无积尘、污渍	50
	试衣间内	乳胶漆内墙	用干净的尘刷轻轻扫除积尘	尘刷	尘刷（干透、洁净）	每月	无积尘、污渍	100
		木质试衣凳	用干净的湿抹布擦拭	抹布	中号抹布（水洗拧干）	每天	无积尘、污渍	50
		筒灯	须两人同时操作，一人清洁，一人辅助：①店长确认断电；②一人确认铝梯平稳并在一旁扶助；③另一人登梯，站稳，用干净的湿抹布擦拭；④擦拭时一手托住清洁目标，一手擦拭；⑤身体不适、恐高者不得登高操作	铝梯、抹布	水桶、铝制梯、喷雾式清洁剂、中号抹布（水洗拧干）	每月	无积尘、污渍	100
		提示牌	用干净的湿抹布擦拭	抹布	中号抹布（水洗拧干）	每天	无积尘、污渍	10
		试衣鞋（高跟凉拖）	用刷子蘸水刷净、凉干	刷子	刷子	每周	无积尘、污渍、异味	50

续表

商业空间清洁卫生手册								
区域	名称	材质	作业方式	标准工具配备	清洁工具	频率	清洁标准	违罚（元）
展示	模特架	木质油漆地台	用干净的湿抹布擦拭	抹布	中号抹布（水洗拧干）	每天	无积尘、污渍	10
洗手间	抽水马桶		倒入洁厕灵，用马桶刷刷干净、水冲洗	洁厕灵、马桶刷	洁厕灵、马桶刷	每天	无污渍	10
	洗手盆		倒入洁厕灵，用洗手盆刷干净发、水冲洗	洁厕灵、洗手盆刷	洁厕灵、洗手盆刷	每天	无污渍	10
	拖把池		用拖把把水池内壁洗干净		拖把	每天	无污渍	10
仓库	地面	砖、地板革、水泥	先用室内扫把清洁固体垃圾，再用干净、拧干的海绵地拖用力清洁，每四平方米面积清洗拖把	扫把、拖把	室内扫帚；水桶；伸缩式自拧干海绵拖把	每天	无垃圾、积尘、污渍、明显的脚印	20
	天花板顶						无蛛网	100
	墙						无积尘、污渍	50
收纳规范								
门店前场	除器架、道具、收银台、陈列商品之外，前场不能出现其它物品（清洁时段出现清洁工具除外）							100
门店仓库	除待售商品外，可收纳如下物品：个人物品、各类清洁物品（干）							
洗手间	清洁工具（湿）、各类清洁剂、个人雨具							
收银台	台面只能摆放陈列手册牌，计算器、记事本、笔等办公用具使用后一律收入抽屉							100

■ 收银管理

（1）任何被授权收银员工均须严格依公司总部规定的收银作业规范操作。

（2）收银员工须经过专业培训，熟练掌握销售系统的操作技巧。

（3）收银抽屉钥匙应随时由收银人员保管。

（4）在电脑与软件系统基本普及的情况下，务必谨慎录入商品销售信息，不可错录、漏录。无电脑的门店，收银员要做好手工账目，做到清楚无误。

（5）遇顾客现金支付时，要唱收唱付，利用验钞机快速验明大面额人民币的真伪。

（6）遇顾客出示贵宾礼券的时候，须辨认该券的真伪，并严格执行总部颁发的礼券使用办法，妥善保管已收礼券（这跟现金是一样的）。

（7）遇顾客出示 VIP 卡，根据总部 VIP 规定执行商品价格、积分或其他优惠活动，并确保录入用卡记录。

（8）顾客的折扣要求遇总部价格管理规定冲突的时候，要婉言向顾客解释清楚，不可随便敷衍。

■ 交班管理

（1）需在店长陪同下，清点收银机内所有现金，并核对单据。

（2）所有现金与收支金额核对无误。

（3）填写收银用交班本。

（4）将核对无误的现金，存入总部指定银行（具体操作依总部规定实施）。

（5）将清点过的发票存根联、单据，收妥放置于指定保管处。

（6）晚班需关闭电源，收妥钥匙。

■ 结账管理

（1）营业款依总部规定的时间、银行、账户及时汇入。

（2）未实施电脑联网的，将发票存根联、收银单据、销售账册妥善保存，于公司指定时间交送至总部财务部门（见图6－7）。

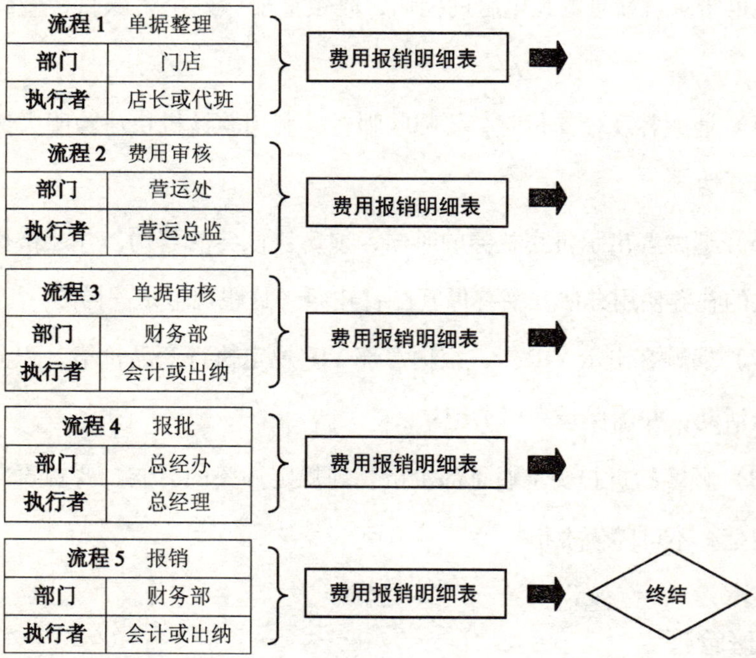

图6－7 财务费用报销流程

■ 退货管理

退货作业包括进货退回及销货退回两种。

1. 进货退回

一般进货退回的原因包括：①不良品；②货品未到期，品质已变坏或有瑕疵；③商品标识问题；④到期滞销品。

门店人员将欲退的商品集中分类，填妥退货单，与送货人书面签字确认后交付退回。

2. 已销货品退回

因质量或其他原因，销出商品被顾客退货。员工按退货规定处理，收回原发票作废。

退货商品如无污损，经整理，可直接上架销售。

退货商品如有品质问题，则填妥退货单后，通过规定的物流方式退回公司总仓或供应商。

第七章 提升管理能力

■ 非常态情况处理

1. 第一种情况：店内偷窃

处理准则：在处理的过程中，要以冷静，自然的态度去“引导”购买，不要以激烈的态度影响其他顾客、影响销售。

情景（1）——如果确定某位顾客已偷窃商品之后，即将要走出店门时。

动作——微笑，保持镇定，提醒同事。

语言——①“对不起，你忘了买单。”

②“那款衣服您要买单吗？”

③“我替你把这件包装一下。”

情景（2）——如经提醒之后仍无买单的意思。

动作——平静的表情，微笑。

语言——“如果你这款不喜欢，那其他的款式呢？把这件先给我挂起来，好吗？”

情景（3）——顾客仍拒不买单。

语言——“如您拒绝我的请求，我们要报警处理了。”

求助——打110电话报警。

事后处理——案例记录，并报告总部营运处门店管理部。

2. 第二种情况：失火

处理准则：生命高于一切。在保证生命绝对安全的前提下，尽可能减少门店的财产损失。

动作——①如有顾客和店员在场，先疏散人员。

②将受伤人员立刻送最近的医院。

③确定火源，并用灭火器扑灭，紧急情况拨打119。

④检查失火原因，切断所有的电源。

⑤检查损失情况。

⑥上报总公司，及时对店铺进行维修。

3. 第三种情况：抢劫

处理准则：沉着、冷静，保证生命的绝对安全。

情景——歹徒拿出凶器企图实施抢劫。

动作——①不做无谓的抵抗，以确保人员的人身安全。

②在不影响人身安全的情况下，尽可能拖延时间，假装合作。

③尽量记住歹徒的特征，样貌。

语言——①不必试图说服歹徒。

②不要惊叫，尽量以缓和的语气稳定歹徒的情绪。

事后处理——打110报警电话，并报告总部营运管理处。

4. 第四种情况：意外伤害

处理准则：先救死扶伤，再追究责任。

情景——如有受伤者，视情况送医院治疗。

动作——及时清理现场，以免影响门店的营业或再度发生意外。

语言——不要在现场争吵或追究责任。

事后处理——如实向公司反映情况，并视伤情严重程度通知其家人，并负担医药费。

5. 第五种情况：店铺被盗

处理准则：保护好现场，等警察到后再检查被盗情况。

情景——货场凌乱，抽屉或门锁损坏。

动作——①保护好现场，拨打报警电话。

②仔细检查店内商品和现金的损失情况。

事后处理——①总结教训，重新做好防盗措施。

②上报公司，及时和公安机关联系，掌握调查情况。

6. 第六种情况：工商、税务等行政部门检查

处理准则：在保守公司机密、不损害公司利益的前提下，尽量配合工商、行政部门的工作；如超过职责范围外，必须先请示公司。

情景——工商、行政部门到门店检查销售。

语言——不要和部门发生争执，笑脸迎人，配合检查。

动作——①事关销售数据的须谨慎处理，不可自行泄露。

②主动请来人留下联系电话，告知负责人主动去联系。

③通知公司信息处，作出正确处理。

7. 第七种情况：顾客和员工之间争执

处理准则：在不影响公司形象和门店正常营业情况下，让顾客满意，让顾客受到尊重。

情景（1）——当员工和顾客发生争吵时。

动作——①由店铺负责人出面，调开与顾客争吵的员工。

②主动向顾客道歉，尽量平息事端。

③如顾客还是不满意，可以带到休息室或办公室，慢慢进行协商。

④除了道歉以外，要给顾客一个解决的方法。

情景（2）——当员工和顾客由于争吵而发生动手。

动作——①拉开并支开与顾客动手的员工，平息顾客的情绪。

②关闭店门，避免事态扩大。

③了解动手的原因，给顾客合理的答复。

④如不能平息事态，拨打110，请求警方的帮助。

事后处理——①备注案例，上报公司营运处门店管理部。

②在门店作为教材，避免此类事情的再度发生。

8. 第八种情况：停电处理

处理准则：保证货场货品、现金的安全。

动作——①关闭一半店门，疏散顾客，防止丢失现金和物品。

②待疏散完全部顾客后，关闭整个店门。

③确定停电的原因（是本身电源有问题，还是供电部门停电）。

④和有关部门联系，确定来电的时间。

⑤上报公司，是否需要提前关门。

9. 第九种情况：顾客在店铺丢失物品

处理准则：顾客物品自己保管，如有遗失，店铺不承担后果。

情景——顾客丢失物品，要求店铺赔偿。

语言——询问物品放置的位置。

动作——①在店里先帮助寻找，安抚顾客情绪。

②告知顾客店内有“贵重物品自己保管”的警示牌。

③报警并转移事故现场，不影响店内正常营业。

事后处理——备案，作为店内教材，以免此类事情再次发生。

■ 快速提升管理能力的必杀技

1. 管理是什么

管理是通过指挥、领导他人完成任务的艺术。

工作者是把自己的事做好，而管理者是指挥、领导他人把事做好。

从本质上说，管理者就是一个教练，他的任务是通过教育、训练、指挥团队去完成工作任务。

2. 为什么需要管理

你相信吗？两个人以上一起做事就涉及到管理了，你做什么，我做什么，要分得很清楚。

企业做大了，就需要把复杂的事情变得简单，不然纵有三头六臂也“搞不定”，通过流程和标准化的管理，就能达到由复杂到简单的目的。

什么是好的管理？复杂的事情简单做，简单的事情重复做，重复的事情用心做。做到了，别说一个门店，就是成千上万个门店也可以管得井井有条。

3. 管理最大的障碍是什么

管理难在管人，因为人是最复杂的，每个人的性格、出身背景、文化教育、经历都是不一样的，因此对同一件事情的理解是因人而异的。

管理难在岗位与岗位之间的配合、部门与部门之间配合。

解决这些障碍的办法是设计出让人与人之间、部门与部门之间形成合力的制度，通过共同的目标、共同的任务，达到“把大家绑在一起”的目的。

4. 靠什么来管理门店

靠我们的个人能力？不是！靠拉帮结派，打击异己？不是！

管理的平台是系统，系统是什么？系统是根据业务实际需求而总结出来的作业流程、作业方式、作业标准、员工行为规范等印在手册上的条文，看得懂，可操作。除此之外，还有一个懂得、理解、熟悉这个系统的团队，在工作过程中，他们已经把这个手册上的东西养成工作思维和工作习惯，换句话说，作业系统已经是他们血液中的一部分了。

只有依靠系统管理的企业才能健康成长，基业长青。

5. 树立一个目标

要成为一个优秀的管理者，你要树立一个目标，这个目标是你要去学习、模仿、并且最后超越的。

没有目标的行为是“脚踩西瓜皮，滑到哪里算哪里”，最终的结果是或收获甚微，或一事无成。

有目标才会有方向，而且要有实现目标的具体、有效的行动。

6. 细节决定成败

零售服务业的经营管理是“单店、单人、单品”的管理。

熟悉门店业务管理流程和员工管理流程，掌握全流程的各个关键节点。

7. 管理四要素

管理的要素是“计划、协调、控制、沟通”。

计划需要管理者的预见能力；协调需要管理者的平衡能力；控制需要

管理者的统筹能力；沟通需要管理者的理解与表达能力。

8. 如何做计划

计划是一件把握昨天，规划明天的工作。

计划的内容大部分是用数字来表示的，数字一定要有科学依据，不能随便想出来。

计划的准确性来自对市场、对商品竞争力、对团队素质、对管理能力的分析与判断。

计划的制定一般是由大到小、由远到近的。

9. 如何做协调

协调是根据任务配置企业资源的行为。

企业资源包括一般包括人、财、物三种。

企业资源配置是由完成任务的需求决定的，为了完成任务，你要有合理组合企业资源的能力，而且要在任务过程中不断调整企业资源，直至任务的圆满结束。

资源向某一个人倾斜了，别的人会不开心，你不能随意迁就，要做好耐心细致的解释工作。

10. 如何控制

控制是指对任务完成全过程的指挥，保证任务按照计划在按时、保质、保量地顺利进行。

你要清楚任务全过程的关键节点在哪里，预见到在哪些节点可能会发生哪些问题，并有充分的预案（解决方案）。

在过程中你要清楚事情发展的态势，掌握一手资料，遇到问题采取果断措施。

11. 如何沟通

沟通分正式沟通和非正式沟通两种，两者各有利弊，不可偏废。

正式沟通由例会、一对一谈话、调查问卷等形式，一般都在公司办公室、会议室举行。非正式沟通常见的有咖啡、茶饮、聚餐等形式。

沟通尽量做到一会一题，专题专议，有议有决，决则有行。切忌议题漫无边际，时间冗长，最后什么也没讨论出来，不了了之。

沟通中的表达很重要，表达的原则是“恰当的表述”，具体分三步：首先，肯定他人的成绩；接下来，指出问题的所在；最后，讨论解决问题的具体措施。

12. 带团队七步曲

带团队是检验管理者是否称职的重要标准。

带团队第一要找对人，第二要用对人，第三要塑造共同的愿景（我们要去哪里）；第四要明确工作目标；第五要培训作业方式；第六要在执行过程中修正其行为；第七要在任务结束后，总结得失和经验教训。

■ 看一看你的管理段位在哪

1. 店长个人能力清单检查

（1）是否充分了解店铺经营理念及落实的工作方针？

（2）是否使用工作检核控制作业品质？

（3）是否具有计划并执行的能力？

（4）对于部属是否具有协调、5S 管理、业绩提升等领导统御的能力？对于部属是否提供了逐行职务的技能、方法、步骤等教育训练的协助？

（5）是否会使用各项表单将作业的结果以数字表现出来，并具体的分析且提出改善之道？

（6）是否具有包括顾客资料收集、顾客关系建立，顾客抱怨处理等顾客管理能力？

（7）是否建立了良好的社区公共关系？

（8）是否具有包括验收进货、整理标价、卖场展开、展示陈列、销售分析、库存控制等商品管理的能力？

（9）是否具有充足的商品知识并能训练部属使他们具有同等能力？

（10）是否具有包括从基本服务态度、待客应对技巧、销售技术等的销售贩卖能力？

（11）是否具有维护店铺设备的安全与完备，并使店铺购物环境更方便舒适的能力？

（12）是否做好现金管理的工作？

（13）是否重视商圈的经营，包括消费者、竞争店的调查与交通、机关等私立单位建设情报的收集？

（14）是否了解店铺会计账务流程，并对财务报表具备分析解读能力？

（15）对于公司内部的各项管理规定、作业流程、是否充分了解并能实践？

（16）是否具有成本意识，能时时考虑如何在日常工作中降低成本发挥效率？

（17）是否具有问题意识，能时时考虑如何在日常工作中进行作业改善与合理化的经营？

（18）是否了解时间是企业最珍贵的资源，并能运用组织的力量充分发挥时间的效能？

（19）是否能随着企业的成长不断进修、自我提升？

2. 门店营运能力清单检查

（1）店长及营业员对于店铺基本营业损益的内容，即“销货收入－销货成本＝销货毛利”，“销货毛利－营业费用＝营业损益”，是否有清楚的了解？

（2）是否鼓励店长及营业员对于顾客层与商品对应的接受能力、商品上架的时机与展开的手法等，提供其经验与建议？

（3）店长及营业员对于商圈内来客，平日与假日的进入方式、客层差异、消费方式与倾向等是否用心观察、记录并分析？

（4）是否要求店长及营业员对于本店与竞争店的定位差异、市场占有率等互动的因素，定期进行市场调查并提出改善对策？

（5）是否设定了可供学习的模范店和应学习的重点，并持续观察、吸收且实际应用在自己店铺的营运改善之上？

（6）是否依员工的性格、意愿进行工作调整，以发挥其工作潜能？

（7）店长及营业员是否皆能清楚了解其职责与各项工作流程，并确实遵守实行？

（8）是否定期或专案针对内外在环境的改变与销售的结果调整商品结构？

（9）是否从客户与销售的状况检讨，使客户、商品、价格间皆能对应一致？

（10）是否根据营运的结果并参照流行的趋势，制定季节别与周期别的商品展开计划？

（11）是否依供货商别掌握进货的状况？

（12）是否制作商品存量动态卡并每周检讨，以确保以畅销品为中心的商品结构？

（13）是否持续追踪销售与库存对应的关系，并加上季节的因素，以作为年度营运资料的依据？

（14）是否制作工作计划，作为店铺营运、商品、促销等活动共同的依据？

（15）是否制作特卖计划，确实执行并检讨反省以作为改善的依据？

（16）是否调查、记录、追踪竞争店进行促销的活动，并分析其效果，以应用到竞争对策之中？

（17）是否依业种别、品项别、季节别、周期别，分析商品销售的手法？

（18）是否训练使店长及营业员能纯熟使用陈列道具，并了解且实践如何塑造易看、易选、易卖、易接待的卖场？

（19）是否认知 POP（卖点广告）的重要性，并训练使店长及营业员具备制作 POP 的能力？

（20）是否由最基础卖场的销售与管理能力着手，训练培育出可带动全员进步的“种子”？

3. 门店销售服务能力检查清单

（1）销售人员是否衣着整洁，化淡妆？

（2）销售人员是否保持愉悦心情、微笑待客？

（3）销售人员是否谈吐文雅、音量适宜？

（4）销售人员是否动作利落、步伐敏捷？

（5）销售人员是否利用营业低谷时间整理卖场或处理行政工作？

（6）销售人员是否积极协同？

（7）销售人员是否发挥团队精神？

（8）销售人员是否令人容易亲近有信赖感？

（9）销售人员是否有随时待客上门的心理准备？

（10）销售人员对于收银及包装动作是否熟练？

（11）销售人员是否能正确把握接近顾客的时机？

（12）销售人员商品知识是否丰富，并能简明的将其特性介绍给顾客？

（13）销售人员在待客时是否充满信心，态度从容且技术熟练？

（14）销售人员是否能灵活运用卖场基本用语？

（15）销售人员专业知识、流行资讯、市场情报及同业动态，是否皆能清楚掌握？

（16）店铺外部表现包括外观、店招、展示橱窗等视觉效果是否良好，易于吸引顾客入店？

（17）店铺色彩搭配与照明效果是否能表现出魅力？

（18）店铺从入口到内部动线的设计以及器道具的使用，是否能引导顾客入内并方便了解及选购商品？

（19）卖场商品的陈列是否能表现出主题，并将重点的商品介绍给顾客？

（20）卖场 POP（卖点广告）的效果是否发挥，有无错误、污损、过期的情况？

4. 门店商品陈列检查清单

（1）所选择展示陈列的商品是否符合诉求的主题？

（2）展示陈列空间的选择是否和商品相称？

（3）关联性商品的靠近是否合宜？

（4）陈列道具的选择是否与商品形象一致？

（5）商品展示陈列的空间是否能配合动线展开？

（6）商品的特色是否充分表露？

（7）展示陈列的技巧是否纯熟？

（8）商品价格标示或 POP（卖点广告）是否齐备，色彩的控制是否适当？

（9）展示陈列商品的量感是否控制适当？

（10）展示陈列空间的灯光是否控制合宜？

（11）展示陈列的空间是否能吸引来客注意？

（12）是否能控制展示陈列的成本不致浪费？

（13）过期的商品或道具是否清离卖场？

（14）展示陈列的商品或道具是否保持清洁，不破损杂乱？

（15）是否预先做出计划，更替展示陈列空间？

（16）未使用的道具是否保管良好以待再使用？

（17）展示陈列的商品是否都有足够的库存？

（18）所有商品是否都有完整的标示说明？

（19）照明、音响等一切设备是否齐备？

（20）销售人员是否专注听取顾客询问、诚恳应对并留意其反应？

5. 宣传促销设计清单检查

（1）活动开始的日期是否已在宣传品上标示清楚？

（2）我们最希望诉求的商品是否摆放在显要位置？

（3）店铺识别标志，如店名商标、地址、地图、电话、营业时间等是否能在宣传品上清楚看到？

（4）限量或限时销售的商品是否标示清楚？

（5）特价商品中是否有避免过于高价品于其内？

（6）宣传品上文案的排列是否符合人体视觉方便阅读？

（7）宣传品的版面是否松紧合宜并富于变化？

（8）是否从顾客的角度去思考制作宣传品？

（9）宣传品是否通俗易懂？

（10）若可以使用会员卡、信用卡、折价券等促销工具，是否已在宣传品上说明清楚？

（11）如果多个不同的业种刊于同一份宣传品上时，宣传品上是否已经明确区分并注明清楚？

（12）是否依据年度促销计划来决定宣传品的主题、商品、活动、营业目标、发放对象或区域、发放分数以及预算？

（13）宣传品中是否完全收集店内有特色或价格诉求型的重点商品？

（14）宣传品上所诉求的商品是否都货量充足？

（15）是否已经准备好在事后对促销效果评估并做改善性的检讨与措施？

（16）宣传品上商品选择及价格带的设定，是否符合店铺定位、客户、时节与商品政策？

（17）宣传品设计与其他使用媒体如报纸、广播、店内展示陈列、海报等的形象是否一致？

（18）宣传品上的照片是否清晰，能表现商品特色？

（19）宣传品是否比别的商家更大、内容更丰富、更吸引人？

（20）宣传品是否赏心悦目，让人有想要阅读收藏的欲望？

附　录

1. 门店招聘申请表

表8-1 门店招聘申请表

门店名称：　　　　　门店编号：　　　　　申请日期：

<table>
<tr><td colspan="2">门店现状分析</td></tr>
<tr><td colspan="2">员工人数________（老员工________ 新员工________）
营业面积______________ 平均每人负责面积______________
月销售额______________ 平均每人月营业额______________
（近三个月平均额）</td></tr>
<tr><td colspan="2">招聘计划：</td></tr>
<tr><td colspan="2">岗位：____________ 人数：____________ 入职时间：____________
人员用途：□增加________人 □更换________人
预计销售提升：
招聘方式：□当地报纸分类广告 □当地人才市场 □当地中介机构
□门店橱窗告示 □营业员推荐 □其他
招聘时间：______________ 招聘费用：</td></tr>
<tr><td colspan="2">备　注：</td></tr>
<tr><td>申请人：</td><td>审批人：</td></tr>
</table>

注：此表由店长或代班填写，每事一次。

2. 应聘人员登记表

表8-2 应聘人员登记表

<table>
<tr><td>姓　名</td><td colspan="2"></td><td colspan="2">性　别</td><td></td><td colspan="2">出生日期</td><td></td></tr>
<tr><td>政治面貌</td><td colspan="2"></td><td colspan="2">婚姻状况</td><td></td><td colspan="2">民　族</td><td></td></tr>
<tr><td>家庭住址</td><td colspan="5"></td><td colspan="2">联系方式</td><td></td></tr>
<tr><td>身份证号码</td><td colspan="5"></td><td colspan="2"></td><td></td></tr>
<tr><td colspan="9">主要社会关系</td></tr>
<tr><td>家庭成员</td><td>关系</td><td colspan="2">单位名称</td><td colspan="2">地址</td><td>年龄</td><td>职位</td><td>政治面貌</td></tr>
<tr><td></td><td></td><td colspan="2"></td><td colspan="2"></td><td></td><td></td><td></td></tr>
<tr><td></td><td></td><td colspan="2"></td><td colspan="2"></td><td></td><td></td><td></td></tr>
<tr><td></td><td></td><td colspan="2"></td><td colspan="2"></td><td></td><td></td><td></td></tr>
<tr><td></td><td></td><td colspan="2"></td><td colspan="2"></td><td></td><td></td><td></td></tr>
</table>

续表

学　习　履　历			
工　作　履　历			
公司名称	工作时间	离职原因	离职职位
备　　注			

注：此表由应聘人员自己填写，一事一填。

3. 到职通知单

表 8－3　到职通知单

备注：			
姓　　名		应聘的岗位	
到职日期		到职的门店	
联 系 人		联系电话	

注：此表由招聘的店长或代班填写，一事一次。

4. 员工调配记录单

表 8－4　员工调配记录单

记录单号：0000000001

姓　　名		年　　龄		性　　别	
进店日期		申请日期		离店日期	
原所在店店名			调配店店名		
希望到职日期			实际到职日期		
原先岗位		调配岗位		调配期限	□长期 □短期

续表

调配原因：	备注：
员工签字： 原所在店店长签字：______________ 调配店店长签字： 营运处经理签字：______________ 人力资源部签字：	

注：

（1）凡个人遇客观原因申请调动的人员，公司将本着关心爱护员工的原则，如确实是需调配的，所属部门领导签字确认后调配。凡门店因种种原因需要调配的，公司将根据实际情况进行调配。员工应该本着服从上级领导安排的原则，配合完成调配任务。对于个别能主动要求调动到艰苦地区或服从安排调动环境相对较差地区的吃苦耐劳员工，公司应给予奖励和未来晋升的机会。

（2）擅自调配的处理事宜：申请调配的人员必须得到上级领导批准后，方可调动，凡擅自调配的，责任人，责任人所在店面负责人，都要受到公司处罚，情节严重的给予解除劳动合同。

（3）调配表单的保管：由调配人原所在店和现调配店店长各执一份。人力资源部存档。

（4）此表一事一次。

5. 门店员工出勤登记表

表 8－5　门店员工出勤登记表

日期 星期 姓名	1	2	3	4	5	6	7	8	…	26	27	28	29	30	31
出勤率															

注：

出勤√ 休假△ 加班# 迟到 Φ 早退⊕ 旷工 X 公差 * 病假 + 事假○

公假□ 婚假≠ 丧假 a 此表由店长或代班填写，每天登记填写一次。

6. 门店员工出勤月报表

表 8－6　门店员工出勤月报表

（　　年　　月）

门店名称：　　　　门店号：　　　　制表人：　　　　制表日期：

项目 姓名	出勤	休假	加班	假别					迟到	早退	旷工	公差
				事假	病假	公假	婚假	丧假				
	日数	日数	小时	日数	日数	日数	日数	日数	日数		日数	日数

注：此表由店长或代班填写，每月填写一次。

7. 顾客投诉受理表

表 8－7　顾客投诉受理表

记录单号：0000000001

顾客姓名		受理日期	
地　　址		发生日期	
联系电话		最后联系日期	
投诉项目		结束日期	
发生地点		投诉方式	
投诉内容：			
处理经过：			
处理结果：			
处理接待人员：			
意见备注：			

8. VIP 会员申请表

表 8-8 VIP 会员申请表

<table>
<tr><td>
请用正楷书写以下资料，并在适当方格加√
姓名（先生/太太/小姐）：（中文）__________（英文）
性别：□ 男 □ 女　　　　出生日期：____年____月____日
身份证号码：　　　　婚姻状况：□ 未婚 □ 已婚
学历：□ 大专以下 □大专或以上　　职业：
每月收入：□ 1000 元以下 □ 1001～2000 元 □2001～3000 元 □ 3000 元以上
本人所穿公司服饰的尺码：上衣______ 下衣______ 鞋______
本人所喜爱的颜色：______、______、______
联系地址：
邮政编码：__________　　E—MAIL 地址：
联系电话：__________　　手机：
本人证实上述资料完全属实及完整，并接受公司会员卡之条款及细则，特此签名
签 名：__________日期：
</td></tr>
<tr><td>
门店公司专用：　　　　会员卡编号：
取卡店铺：__________□ 一次发票申请 □ 累计发票申请
店　　长：__________公司会员卡资料录入人：
</td></tr>
</table>

注：

（1）每人只可申请一张会员卡。

（2）申请人所填写的资料是用于审核申请人能否成为本公司会员依据，如未能提供足够资料或资料有任何不属实，会导致其申请不被接纳。

（3）提交的申请表格必须为正本，复印本恕不受理。

（4）本公司保留一切有关批核此会员卡申请与否的最终决定权。

（5）会员资料（申请表、销售单据）即时录入电脑系统。

（6）此表一事一次，有店长或代班填写表单。

9. VIP 会员资料更改申请表

表 8－9　VIP 会员资料更改申请表

请用正楷书写以下资料，并在适当方格加√　　　　会员卡编号：
姓名（先生/太太/小姐）：（中文）＿＿＿＿＿＿＿＿＿＿（英文）
性别：☐男　☐女　　　　　　　　出生日期：＿＿年＿＿月＿＿日
身份证号码：　　　　　　　　　　婚姻状况：☐未婚　☐已婚
学历：☐大专以下　☐大专或以上　　职业：
每月收入：☐1000 元以下 ☐1001～2000 元 ☐2001～3000 元 ☐3000 元以上
本人所穿公司服饰的尺码：上衣＿＿＿＿　下衣＿＿＿＿　鞋＿＿＿＿
本人所喜爱的颜色：＿＿＿＿、＿＿＿＿、＿＿＿＿
新联系地址：
新邮政编码：＿＿＿＿＿＿＿＿＿＿　新 E—MAIL 地址：
新联系电话：＿＿＿＿＿＿＿＿＿＿　手机：
本人证实上述资料完全属实及完整，并接受公司会员卡之条款及细则，特此签名
签　名：＿＿＿＿＿＿＿＿＿＿日期：
门店公司专用：　　　　　　　　　会员卡编号：
取卡店铺：
店　　长：＿＿＿＿＿＿＿＿＿＿公司会员卡资料录入人：

注：

（1）会员卡持有人表示其个人资料有所更改，必须填写《会员资料更改申请表》，由店长审核后交总部，持卡人必须携带有效身份证明文件。

（2）总部电脑信息部收《会员资料更改申请表》后核对并对该顾客资料进行电脑更新。

（3）申请更改资料的条款与细则：①申请人所更改填写的资料是用于审核申请人能否能为本公司会员的依据，如未能提供足够资料或有任何不属实，会导致其申请不被接纳。②提交的申请表格必须为原件，复印本恕不受理。③本公司保留一切有关批核此会员卡更改与否的最终决定权。

（4）此表一事一次，有店长或代班填写表单。

10. VIP 会员卡注销及补办表

表 8－10　VIP 会员卡注销及补办表

持卡人资料
持卡人姓名：＿＿＿＿＿＿＿＿＿＿　　身份证号码：＿＿＿＿＿＿＿＿＿＿ 联系地址：＿＿＿＿＿＿＿＿＿＿＿＿＿＿　邮　　编：＿＿＿＿＿＿＿＿＿＿ 联系电话：＿＿＿＿＿＿＿＿＿＿、＿＿＿＿＿＿＿＿＿＿、
失卡资料
失卡编号：＿＿＿＿＿＿＿＿＿＿　　发卡店铺：＿＿＿＿＿＿＿＿＿＿ 会员卡生效期限　＿＿＿＿年＿＿＿＿月＿＿＿＿日 遗　失　日　期　＿＿＿＿年＿＿＿＿月＿＿＿＿日

续表

领取新卡店铺：__________报失者签名：__________ 报失日期：
公司专用
店长：__________ 取卡店铺编号：__________ 补发部门（待定）：__________补发卡编号：__________

注：

（1）若会员卡持有人向店铺报称失卡或毁损，店长给持卡人填写《会员卡注销及补办申请表》，查对持卡人的身份证明，店长在《会员卡注销及补办申请表》填写新卡卡号，发放给持卡人，并要求持卡人在《会员卡注销及补办申请表》上签名，店长加签后，传送到总部。

（2）总部信息部收到《会员卡注销及补办申请表》后，核对资料无误，部门负责人加签后交到电脑信息部更新相关会员卡资料，同时注销旧卡卡号。

（3）此表一事一次，有店长或代班填写表单。

11. 门店管理评核表

表 8－11 门店管理评核表

<table>
<tr><td>总分 100 分</td><td colspan="3">及格 60 分</td><td>每 1 个月评核一次</td></tr>
<tr><td colspan="5">每一项做到得 2 分，尚可者得 1 分，未做到者得 0 分
评核对象：______店 店长：______ 地址：__________
评核期间：____年____月____日 评核人员：__________</td></tr>
<tr><td colspan="5">评 核 项 目</td></tr>
<tr><td rowspan="2">一、人员士气评核（14 分）</td><td>佳</td><td>可</td><td>差</td><td rowspan="2">综合评语</td></tr>
<tr><td>2 分</td><td>1 分</td><td>0 分</td></tr>
<tr><td>①员工是否能遵守员工守则？</td><td></td><td></td><td></td><td rowspan="7"></td></tr>
<tr><td>②员工是否能积极配合加班？</td><td></td><td></td><td></td></tr>
<tr><td>③员工是否服从上级管理？</td><td></td><td></td><td></td></tr>
<tr><td>④员工是否积极接受培训？</td><td></td><td></td><td></td></tr>
<tr><td>⑤员工是否积极参与活动？</td><td></td><td></td><td></td></tr>
<tr><td>⑥员工是否主动提出合理化意见？</td><td></td><td></td><td></td></tr>
<tr><td>⑦员工之间相处是否和睦愉快？</td><td></td><td></td><td></td></tr>
<tr><td colspan="5">本项评核得分小计： 分</td></tr>
<tr><td rowspan="2">二、人员服务评核（32 分）</td><td>佳</td><td>可</td><td>差</td><td rowspan="2">综合评语</td></tr>
<tr><td>2 分</td><td>1 分</td><td>0 分</td></tr>
<tr><td>①员工是否按规定着装？配名牌？</td><td></td><td></td><td></td><td rowspan="2"></td></tr>
<tr><td>②员工仪容仪表是否符合规定？</td><td></td><td></td><td></td></tr>
</table>

续表

二、人员服务评核（32分）	佳 2分	可 1分	差 0分	综合评语
③员工是否热情向顾客打招呼？				
④接待顾客时是否积极、亲切？				
⑤员工是否熟悉应对语言和技巧？				
⑥员工是否熟悉商品知识？				
⑦员工是否有能进行搭配销售？				
⑧员工对店内设备操作是否熟悉？				
⑨员工能否善用公物、爱惜资源？				
⑩是工否按规定开启灯光、空调？				
⑪员工是否按规定播放音乐？				
⑫员工是否能有效利用广播？				
⑬员工个人物品是否按规定摆放？				
⑭员工是否触犯卖场禁忌事项？				
⑮员工是否按规定填写各项表单？				
⑯店长是否按规定填报各项表单？				
本项评核得分小计：　　分				
三、财务评核（16分）	佳 2分	可 1分	差 0分	综合评语
①营业额与清机本、电脑小票是否相符？				
②营业额与报表是否相符？				
③各项支出与发票是否相符？				
④是否按规定将营业款和报表汇寄汇回公司？				
⑤是否按规定将大钞、有价券放于指定处？				
⑥是否未曾发生顾客对钱财方面的投诉？				
⑦是否定期进行盘点？				
⑧盘点金额是否有误差？				
本项评核得分小计：　　分				
四、环境评核（18分）	佳 2分	可 1分	差 0分	综合评语
①门外环境是否整洁？门头、橱窗是否明亮？				
②货架、陈列台是否保持整洁？				
③营运设备、器具是否保持清洁？				
④天花板、地面是否保持清洁？				
⑤试衣间是否保持整洁？				
⑥收银台是否保持整洁？				
⑦货品摆放是否干净、整齐、美观？				
⑧海报架、POP、装饰品是否按规定摆放？				
⑨后场环境是否保持整齐、干净？				
本项评核得分小计：　　分				

续表

<table>
<tr><td rowspan="2">五、商品评核（20 分）</td><td>佳</td><td>可</td><td>差</td><td rowspan="2">综合评语</td></tr>
<tr><td>2 分</td><td>1 分</td><td>0 分</td></tr>
<tr><td>①是否按规定向公司进、退货（流程、时间）</td><td></td><td></td><td></td><td rowspan="10"></td></tr>
<tr><td>②进、退货的明细及单据是否保存完整？</td><td></td><td></td><td></td></tr>
<tr><td>③进货的商品整理是否依分类置于指定处？</td><td></td><td></td><td></td></tr>
<tr><td>④是否定期整理库存？</td><td></td><td></td><td></td></tr>
<tr><td>⑤库存数字是否准确？</td><td></td><td></td><td></td></tr>
<tr><td>⑥是否有商品缺货而员工不知的情况？</td><td></td><td></td><td></td></tr>
<tr><td>⑦是否有效防止商品损耗？</td><td></td><td></td><td></td></tr>
<tr><td>⑧商品是否按规定的标准出模？</td><td></td><td></td><td></td></tr>
<tr><td>⑨商品是否按规定陈列摆放？</td><td></td><td></td><td></td></tr>
<tr><td>⑩是否根据客观因素及时调整陈列？</td><td></td><td></td><td></td></tr>
<tr><td colspan="5">本项评核得分小计：　　　　分</td></tr>
<tr><td colspan="2">是否发生其他违规现象：</td><td colspan="3">是否发生其他重大违规现象：</td></tr>
<tr><td>总得分</td><td>________分
☐ 及格
☐ 不及格</td><td colspan="3">建议事项：</td></tr>
</table>

注：

（1）人员士气、人员服务两大部分以员工总数的 1/3 为界限进行考核，如："员工是否遵守员工守则？"如全部员工都遵守了员工守则，该项评为佳；如有 1/3 以上员工未遵守，该项评为差；两者之间，该项评为可。"员工是否按规定着装？配名牌？"如全部员工做到该项，该项评为佳；如有 1/3 以上员工未做到该项，评为差；两者之间，该项评为可。

（2）财务、环境、商品三大部分以违反该项一次为界限进行考核，如："营业额与清机本、电脑小票是否相符。"如每次都相符，该项评为佳；如有一次不符合，评为可；一次以上，评为差。"门外环境是否整洁？门头、橱窗是否明亮？"如每次检查都整洁明亮，评为佳；如有一次没有做到，评为可；一次以上，评为差。"是否按规定向公司进、退货（流程、时间）。"如每次都按规定，评为佳；如有一次不按规定，评为可；一次以上，评为差。

（3）是否发生其他违规现象，是指门店经常发生的但表中没有体现出的一些事。

（4）是否发生其他重大违规现象，是指严重损害公司形象或影响正常经营的重大恶性事件，必须由公司出面解决。

12. 门店业绩分析表

表 8－12　门店业绩分析表

（　　年　　月）

店名：＿＿＿＿＿＿　　　　　　　　　　　　　　　　　　　　填表人：＿＿＿＿＿＿

日期	星期	天气	预估营业额		实际营业额		累计	买单顾客数		顾客平均消费额		备注
			当日	累计	当日	累计	完成率	当日	累计	当日	累计	
			A	B	C	D	E = D ÷ B	F	G	H = C ÷ F	I = D ÷ G	
1												
2												
3												
…												
…												
30												
31												

注：

（1）店长于每月三号前填写该表，并交至区域督导处。

（2）店长根据门店当月的营业指标和当日的实际情况制定出当日预计营业额。

（3）预估营业额与实际营业额之间相差悬殊、顾客数或平均消费额浮动很大时，在备注栏注明特殊原因。

（4）店长根据该表（营业额、顾客数、平均消费等数据的分析），及时总结、调整门店当前的销售工作。

（5）区域督导根据该表，对门店的销售工作进行针对性的分析和指导。

（6）该表可与“门店管理周报表”中的“商品销售”部分相结合，具体分析门店销售情况。

13. 工作计划周报表

表 8－13　工作计划周报表

（　　年　　月　　日～　　月　　日）

店名：＿＿＿＿＿＿　　　　　　　　　　　　　　　　　　　　填表人：＿＿＿＿＿＿

本周计划工作（按重点排列）		计划完成期间（用“√”表示）							计划配合人员	OK
		周一	周二	周三	周四	周五	周六	周日		

续表

本周计划工作（按重点排列）		计划完成期间（用“√”表示）							计划配合人员	OK
		周一	周二	周三	周四	周五	周六	周日		

注：

（1）店长于每周一前填写该表，并交至区域督导处。

（2）店长在每日班会前依据此表安排当日的重点工作和配合人员，完成后在“OK”栏打“√”。

（3）区域督导对店长制定的工作计划和计划实施情况进行督导，并检查完成情况。

（4）与一周工作计划相对应的工作总结体现在“门店管理周报表”中的“工作总结”部分。

14. 门店管理周报

表 8-14 门店管理周报

（ 年 月 日~ 年 月 日）

店名：__________ 填表人：__________

本周销售信息	销售额：______ 预计销售额：______													
	达成率：_____% 去年同期销售额：______													
	同上周相比是 □上升________% □下降________%													
	销售额同上周相比上升或下降的原因：													
	同去年同期相比是 □上升________% □下降________%													
	销售额同去年同期相比上升或下降的原因：													
本周货品信息	类别	女装												
	销售情况	T恤	衬衫	针织	外套	风衣	背心	羽绒	长裙	中裙	短裙	长裤	中裤	短裤
	销售额（元）													
	所占比例													
	类别	男装								附件				
	销售情况	T恤	衬衫	茄克	针织	风衣	羽绒	长裤	短裤	腰带	包	围巾	鞋子	其他
	销售额（元）													
	所占比例													
	前十大	一	二	三	四	五	六	七	八	九	十			
	款号													
	数量													
	金额													
	主要缺货													

续表

<table>
<tr><td rowspan="18">本周员工状态</td><td rowspan="4">纪律</td><td colspan="2">违反门店考勤制度的员工</td><td></td></tr>
<tr><td colspan="2">违反门店员工守则的员工</td><td></td></tr>
<tr><td colspan="2">违反仪容仪表仪态规范员工</td><td></td></tr>
<tr><td colspan="2">违反门店语言规范的员工</td><td></td></tr>
<tr><td rowspan="12">服务</td><td rowspan="3">精神面貌</td><td>微笑</td><td></td></tr>
<tr><td>声音</td><td></td></tr>
<tr><td>速度</td><td></td></tr>
<tr><td rowspan="3">主动意识</td><td>顾客敏感度</td><td></td></tr>
<tr><td>货品敏感度</td><td></td></tr>
<tr><td>环境敏感度</td><td></td></tr>
<tr><td rowspan="3">服务技巧</td><td>附加推销</td><td></td></tr>
<tr><td>耐磨性</td><td></td></tr>
<tr><td>兼顾性</td><td></td></tr>
<tr><td rowspan="3">员工配合</td><td>呼应</td><td></td></tr>
<tr><td>传递</td><td></td></tr>
<tr><td>补位</td><td></td></tr>
<tr><td>员工意见建议</td><td colspan="3"></td></tr>
<tr><td>员工变动</td><td colspan="3"></td></tr>
<tr><td rowspan="5">本周工作总结</td><td colspan="2">本周工作计划的完成情况</td><td colspan="2"></td></tr>
<tr><td colspan="2">本周工作中好的经验总结</td><td colspan="2"></td></tr>
<tr><td colspan="2">没有完成的工作及其原因</td><td colspan="2"></td></tr>
<tr><td colspan="2">是否产生新的问题？哪些？</td><td colspan="2"></td></tr>
<tr><td colspan="2">是否需要总部支援？哪些？</td><td colspan="2"></td></tr>
</table>

注：

（1）门店店长于每周一前填写该表，并交至区域督导处。

（2）该表用于店长对本周门店销售工作和管理工作的总结。

（3）区域督导根据该表检查、指导门店和店长的工作。

（4）在“本周货品信息”栏目中，只填写当季上市商品类别的销售额和所占比例；主要缺货按所缺货品对销售产生的影响程度从大到小排列填写，填写缺货款号。

（5）“本周员工状态”栏目中，填写有违纪行为的员工或在某方面表现优异的员工，没有则不填；员工变动指有无新进员工、辞职员工、员工调动等变化。

（6）“本周工作总结”部分，对应于店长的“工作计划周报表”，是店长对本周工作的检查和总结。

15. 清机本折扣登记表

表 8-15 清机本折扣登记表

（ 年 月 日~ 年 月 日）

店名：________ 填表人：________

日期	款号	原价	折扣率	折扣价	折扣原因	经手人签字		
						收银员	店长	顾客

注：款号栏精确至8位。此表一事一次，有店长或代班填写表单。

16. 现金抵用券、免费券折扣登记表

表 8-16 现金抵用券、免费券折扣登记表

日 期	款 式	颜 色	尺 码	备 注

注：备注栏填写抵用券或免费券。此表一事一次，有店长或代班填写表单。

17. 清机本

表 8-17 清机本

班次 内容	A班	B班
收银员		
销售金额		
收银复核人		
○实存金额		
○存款人		
○存款复核人		

续表

<table>
<tr><td>班次
内容</td><td colspan="4">A班</td><td colspan="4">B班</td></tr>
<tr><td>余额</td><td colspan="4"></td><td colspan="4"></td></tr>
<tr><td rowspan="2">备注</td><td>项目</td><td></td><td>收银员</td><td></td><td>项目</td><td></td><td>收银员</td><td></td></tr>
<tr><td>金额</td><td></td><td>店长</td><td></td><td>金额</td><td></td><td>店长</td><td></td></tr>
<tr><td>全日内线</td><td colspan="8"></td></tr>
</table>

注：

（1）备注栏填写支取营业款数量和用途，收银员和店长签字。

（2）若B班没有存款，○栏划斜线表示。

（3）收银员与收银复核人，存款人与存款复核人不得为同一人。

（4）收银复核人和存款复核人需附金额大写。

（5）全日内线为A班销售金额和B班销售金额之和。由B班填写。

（6）此表一事一次，有店长或代班填写表单。

18. 现金盘点表

表8－18　现金盘点表

店名：________　　　　　　　　　　　　日期：

<table>
<tr><td rowspan="2">项目</td><td colspan="7">小写金额</td><td rowspan="2">大写金额</td><td rowspan="2">借支说明</td><td rowspan="2">早班\晚班</td></tr>
<tr></tr>
<tr><td></td><td>十万</td><td>万</td><td>千</td><td>百</td><td>十</td><td>元</td><td>角</td><td></td><td rowspan="6"></td><td></td></tr>
<tr><td>营业额</td><td></td><td></td><td></td><td></td><td></td><td></td><td></td><td>十万　万　千
百　十　元　角</td><td rowspan="2">收银员：
（签字）</td></tr>
<tr><td>借支额</td><td></td><td></td><td></td><td></td><td></td><td></td><td></td><td>十万　万　千
百　十　元　角</td></tr>
<tr><td>存　款</td><td></td><td></td><td></td><td></td><td></td><td></td><td></td><td>十万　万　千
百　十　元　角</td><td rowspan="3">店长
（主管）：
（签字）</td></tr>
<tr><td>余　额</td><td></td><td></td><td></td><td></td><td></td><td></td><td></td><td>十万　万　千
百　十　元　角</td></tr>
<tr><td>备用金额</td><td></td><td></td><td></td><td></td><td></td><td></td><td></td><td>十万　万　千
百　十　元　角</td></tr>
</table>

注：店铺购买办公用品、清洁用品、房租水电、工商管理、税费、员工工资、运费等支出，在营业税中借支并在备注栏说明，凭发票凭证回公司财务部门报销后冲抵营业额。此表一个月填写一次，有店长或代班填写表单。

19. 门店费用报销科目明细汇总表

表 8－19　门店费用报销科目明细汇总表

店名：________　　　　　　　　　　　　　　　　　　　　日期：

管理费用	报销金额	销售费用	报销金额	经营费用	报销金额
国　税		取货费		水　费	
地　税		退货费		电　费	
工商管理费		差旅费		专卖店房租	
店长房租		业务招待费		维修费	
办公用品		电话费		日用品	
店长住处电器		装潢费		员工工资	
杂　费			店铺内电器		
小　计		小　计		小　计	
上期余额结转金额：		本月费用总金额：		费用报销人：	
本月销售额：		本月存款金额：		营运处审批人：	
				财务部：	

20. 门店单品补货申请单

表 8－20　门店单品补货申请单

店名：________　　　　　　　　　　　　　　　　　　　　日期：

款　号	颜　色	S	M	L	XL	款　号	颜　色	S	M	L	XL

注：此表一事一次，有店长或代班填写表单。

21. 公司调拨单据（电脑单）

表 8－21　公司调拨单据（电脑单）

店名：________　　　　　　　　　　　　　　　　　　　日期：

<table>
<tr><td colspan="2">调入店名</td><td colspan="3">日期</td><td colspan="3">单据号</td></tr>
<tr><td>商品编号</td><td>配送量</td><td>零售价</td><td>品名</td><td>颜色</td><td>尺码</td><td>配送金额</td><td>备注</td></tr>
<tr><td></td><td></td><td></td><td></td><td></td><td></td><td></td><td></td></tr>
<tr><td></td><td></td><td></td><td></td><td></td><td></td><td></td><td></td></tr>
<tr><td></td><td></td><td></td><td></td><td></td><td></td><td></td><td></td></tr>
<tr><td></td><td></td><td></td><td></td><td></td><td></td><td></td><td></td></tr>
<tr><td></td><td></td><td></td><td></td><td></td><td></td><td></td><td></td></tr>
<tr><td colspan="2">门店主管</td><td colspan="3">复核</td><td colspan="3">送货人</td></tr>
</table>

注：此表一事一次，有店长或代班填写表单。

22. 门店单品退货单

表 8－22　门店单品退货单

店名：________　　　　　　　　　　　　　　　　　　　日期：

<table>
<tr><td>店名</td><td colspan="2">日期</td><td colspan="3">仓务</td><td>店长</td></tr>
<tr><td rowspan="2">单品货号</td><td rowspan="2">单品颜色</td><td colspan="4">数　量</td><td rowspan="2">退货原因</td></tr>
<tr><td>S</td><td>M</td><td>L</td><td>XL</td></tr>
<tr><td></td><td></td><td></td><td></td><td></td><td></td><td></td></tr>
<tr><td></td><td></td><td></td><td></td><td></td><td></td><td></td></tr>
<tr><td></td><td></td><td></td><td></td><td></td><td></td><td></td></tr>
<tr><td></td><td></td><td></td><td></td><td></td><td></td><td></td></tr>
<tr><td></td><td></td><td></td><td></td><td></td><td></td><td></td></tr>
<tr><td>备　注</td><td colspan="6"></td></tr>
</table>

注：此表一事一次，有店长或代班填写表单。

23. 门店单品转货单

表 8－23 门店单品转货单

日期：

转出店铺	转入店铺					
单品货号	单品颜色	数量				合计
		S	M	L	XL	
发货人	受货人					

注：本单三联（发货方、收货方、仓库各一联）此表一事一次，有店长或代班填写表单。

24. 门店单品维修单

表 8－24 门店单品维修单

店名：________ 日期：

款号		尺码		维修内容		受理时间		顾客取货时间		维修人签字
转出人签字		仓务日期		物流日期		维修日期		物流日期		
转入人签字		物流日期		维修日期		物流日期		仓务日期		

注：此表一事一次，有店长或代班填写表单。

25. 盘点表

表 8－25　盘点表

部门：　　　　　　　区域：　　　　　　　　　　　　日期：

款号	色号	价格	尺码					总计	退、次货
			XS	S	M	L	XL		
合计									

盘点人：　　　　　　　　复核人：　　　　　　　　盘点总页

注：此表一个月填写一次，有店长或代班填写表单。

26. 库存统计表

表 8－26　库存统计表

店名：　　　　　　　店号：　　　　　　　　　　　　日期：

款号	色号	属性	S	M	L	XL	小计
合计							

注：属性栏填写畅销、平销、滞销；货号分女装、男装按外套、T 恤、衬衫、针织、裙类、裤类，其他（包、皮带、香水）顺序填写。此表一个月填写一次，有店长或代班填写表单。

27. 盘点损益表

表 8－27 盘点损益表

部门：　　　　　　　　　　　　　　　　　　　　　　　　　　　　　日期：

品名	款号	价格	盘点数量	实际数量	与实际数量差异	差价
合计：						
原因						
对策						
审核人：						

28. 设备维修申请单

表 8－28 设备维修申请单

店名：　　　　　　　　　　　　　　　　　　　　　　　　　　　　　日期：

维修项目		维修时间	
		维修结果	
		结果评定	
维修人签字		店长签字	

注：

（1）直营店：店铺遇紧急维修状况时，先电话通知总部维修部，维修部立即派人维修。店铺遇平常维修状况时，必须先填写维修申请单，经总部审核同意。外地直营店遇设备故障时，必须先电话申请，非经总部同意，不得擅自处理。

（2）加盟店：加盟店不得擅自更换 CIS 系统标志物，遇损坏，必须通知总部，由总部维修。加盟店其他设备损坏必须及时维修，维修费用由加盟商自己负责。加盟店其他设备非经总部同意不得更换。

（3）此表一事一次，有店长或代班填写表单。

29. 设备更换申请表

表 8－29　设备更换申请表

申请门店：　　　　　　　　　　　　　　　　　　　　申请人：

更换设备名称	数　量	申请时间	更换时间

店长签字＿＿＿＿＿＿　更换人签字＿＿＿＿＿＿

注：此表一事一次，有店长或代班填写表单。

30. 模特出样标准申请表

表 8－30　模特出样标准申请表

店名：　　　　　　　　填表人：　　　　　　　　填表日期：

项目/位置	女装	男装	配件	备注
区域督导的意见：				

注：此表一事一填，由店长或代班填写。

31. 模特出样标准表

表 8－31　模特出样标准表

店名：　　　　　　　　填表人：　　　　　　　　填表日期：

项目/位置	女装	男装	配件	备注
橱窗一	女模一：			
	女模二：			

续表

项目 / 位置	女装	男装	配件	备注
橱窗二	女模一：			
	女模二：			
橱窗三	女模一：			
	女模二：			
门口展台	女模一：			
	女模二：			
收银台展台	女模一：			

注：

（1）门店根据自己的橱窗数按顺序选择。

（2）如果没有规定的模特样衣则参照上期顺序继续陈列。

（3）按规定时间更换模特样衣。

（4）此表一个礼拜填写一次，由店长或代班填写。